幼児教育サポートBOOKS

活動の見える化で保育力アップ！

ドキュメンテーションの作り方＆活用術

浅井 拓久也 編著

明治図書

はじめに

本書は，保育の質を高める方法の１つとして，ドキュメンテーションを活用した保育について説明したものです。多くの保育者は，日々の保育に追われながらも，もっと保育をよくしたいという思いをもっています。本書では，こうした思いに応えるために，ドキュメンテーションという保育の記録を作り活用することで保育の質を高める方法を実例とともに説明していきます。

ドキュメンテーションとは，簡単に言えば，子どもたちの様子や保育中の出来事を写真や動画で撮影し，子どもたちの興味や関心はどこにあるか，子どもたちはどのような学び方をしているのかを可視化した（わかるようにした）保育の記録のことです。保育の記録はもう作っているよ，とか，子どもの様子を撮影することはすでにやっているよと思った方もいるかもしれません。しかし，ドキュメンテーションは単なる保育の記録や写真集ではありません。詳しくは本編で説明していきますが，ここではドキュメンテーションの特徴を１つだけ簡単に紹介したいと思います。

それは，ドキュメンテーションを通じて，保育者が子どもたちの興味や関心がどこにあるか，何を学ぼうとしているかに気がつき，これらを起点とした保育を展開しやすくなるということです。子どもたちが楽しみながら学べる保育をしやすくなるといってもよいでしょう。保育の最中は目の前の子どもたちに対応するために精一杯ということも多いでしょう。子どもたちの元気な姿に押されて，保育が慌ただしく過ぎていくこともあります。しかし，ドキュメンテーションでは，子どもたちの活動や保育の様子を記録しますので，保育の後にこれらを振り返ることで，保育中は気がつかなかった子どもたちの興味や関心，学び方や工夫の仕方に気がつくことができます。

たとえば，本書で紹介している金生幼稚園でのある日の保育です。園の裏庭には大きな池があり，たくさんの鯉が泳いでいます。当初，保育者はこいのぼりを作るための簡単な導入として鯉の見学をしました。ところが，子どもたちは鯉を呼ぶために手を叩く合図に興味を示したり，水中では何分息を止めることができるかと友達同士で比べ合ったりし始めました。こうした子どもたちの反応は，保育中は特に気にしていなかったようですが，保育の後にドキュメンテーションを作成する過程で子どもたちの様子を振り返ることであらためて気がついたのです。

子どもたちの興味や関心がどこにあるか，何を学びたいと思っているかがわかると，これを起点した次の保育の展開が見えてきます。たとえば，社会の中にある様々な合図を調べる保育もよいでしょう。鯉はどうやって合図を学び，どうやって気がつくのか，鯉には手を叩く音を聞く耳があるのかを考える保育もよいでしょう。あるいは，なぜ鯉はずっと水中にいられるのか，なぜ人間はそれができないのかを探究する保育もよいでしょう。これらは子どもたちの興味や関心に即した保育のため，好奇心や探究心を刺激し，楽しみながら学ぶようになります。

先に挙げたこいのぼりを作る保育でも，子どもたちの興味や関心を保育に取り入れれば，単なるこいのぼりの製作活動から様々な学びを得る知的な活動に変わります。鯉は合図が聞こえているのか，手を叩くしぐさを見ているのか，それとも別の何かを感じ取っているのかという疑問を保育者が投げかけることで，子どもたちは鯉に耳はあるのか，目はどのくらいの大きさで，どこまで見えているのかなど様々な角度から鯉の特徴を主体的に考えていきます。その過程で，園内の絵本や地域の図書館にある図鑑で調べたり，もう一度鯉の様子を確認したりして学びを深めていきます。

このように，ドキュメンテーションを活用することで，保育者は子どもたちの興味や関心，学ぼうとしていることを発見し，これらを踏まえた保育を展開することができるのです。保育の記録は作っても保管するだけ，とか，一定期間だけ園内で掲示して終わりということが多いでしょう。しかし，ドキュメンテーションは作ることや保管することが目的ではありません。ドキュメンテーションを掲示することもありますが，掲示することが目的でもありません。ドキュメンテーションは，保育者がよりよい保育を考えるための手段であり道具なのです。そのため，本書では，どのようにドキュメンテーションを作り，活用するとよりよい保育につながるのかについて具体的に説明してあります。

本書は，ドキュメンテーションを活用して保育の質を高めることを目指しています。保育の質という場合，何をもって質というか，何をもって高めるというかは様々な議論があります。しかし，どのような議論をしても，子どもたちが好奇心や探究心をもって楽しく学ぶということと保育の質向上とは切り離すことができないことです。保育者の側から言うと，子どもたちが楽しく学べるような環境を考え用意することです。ドキュメンテーションは，こうした環境を考えるために使うものです。ドキュメンテーションが保育の質を高める方法というのは，このためです。

ドキュメンテーションの作り方や活用方法は保育者によって様々です。本書で紹介したドキュメンテーションは，金生幼稚園でのドキュメンテーションの取り組みをもとにした方法です。だから，本書で説明する方法だけが正しいというわけでも，これ以外の方法はないというわけでもありません。本書を読んだ保育者のみなさんが，私ならこうする，このようなやり方もあるというように，自分なりのドキュメンテーションを考えるきっかけになれば幸いです。保育の中でドキュメンテーションを活用する保育者同士がこうした前向きな意見を交換しあうことによって，ドキュメンテーションの可能性を広げていきます。それこそが，保育の質を高める確かな方法なのです。

2018年12月

編著者　浅井拓久也

もくじ

第1章

ドキュメンテーションで保育をよりよくする！

第2章

年齢別 ドキュメンテーションを活用した保育

第3章

ドキュメンテーションで保育者が育つ！ ～金生幼稚園の取り組み～

第1章 ドキュメンテーションで保育をよりよくする！

1 保育の質を高めるドキュメンテーション

ドキュメンテーションとは

ドキュメンテーション（documentation）とは何でしょうか。ドキュメンテーションという言葉を辞書で調べると，文書や資料という意味であることがわかります。では，どのような文書や資料のことでしょうか。保育には多くの文書があります。保育日誌や指導計画，連絡帳や園便りなどたくさんあります。ドキュメンテーションとこれらの文書の違いは何でしょうか。

ドキュメンテーションとは，観察記録（メモ），写真，動画を活用して，保育中の子どもたちの活動や保育の過程を可視化した（見える化した）保育の記録のことです。観察記録には，子どもたちの言葉や会話，保育者が保育中に気がついたことを記録します。写真や動画で，子どもたちの活動の様子や製作物を記録します。こうした記録を用いて，保育中の子どもの様子はどうであったか，保育はどのように展開されたかをわかるようにするのです。これが，ドキュメンテーションです。

なぜドキュメンテーションが保育の質を高めるのか

このように，ドキュメンテーションは保育がどのように展開したかを可視化する保育の記録です。では，ドキュメンテーションを活用して保育の質を高めるとはどのようなことでしょう。保育の質向上の定義は様々ありますが，ここでは昨日より今日の保育，今日より明日の保育がよくなることとしましょう。よりよい保育のためには，小さな改善を積み重ねていく必要があります。そのためには，子どもたちが何かができた，できないという結果に着目するだけではなく，そこにどのような気持ちや思いで至ったのかという過程や道筋が大事です。つまり，子どもたちの心情，意欲，態度に着目する必要があります。

たとえば，みなさんが旅行に行ったときのことを想像してみてください。

次の旅行をもっとよいものにするためには，とりあえず目的地に到着したからよしとするのではなく，日程に無理はなかったか，交通手段や宿泊先の予約のタイミングは適切だったか，予算は十分にあったかなど，旅行に行く前の準備から旅行を終えるまでの過程を一つひとつ丁寧に見直すことでしょう。そうすることで，次はこうしよう，こう変えてみようという具体的に改善すべき点が見え，その改善点を踏まえて次の旅行を考えることによって，よりよい旅行になります。

また，子どもがどんぐりや木の枝を使って製作をしている活動を考えてみましょう。この場合も，最終的に完成した作品だけを記録していたのでは，そこに至るまでの子どもたちの気持ちや思いがわかりません。保育者は子どもたちの完成品を見て，次はテーマを決めた製作にしようとか別の素材を使ってみようと考えるかもしれません。しかし，もしかしたら，子どもたちはどんぐりを触りながら，これは種なのか実なのか考えているかもしれません。あるいは，木の枝を見ながら，自宅の庭にある木とは違うことを発見しているかもしれません。こうした子どもたちの興味や関心がわからないまま次の製作活動を用意しても，子どもたちの興味や関心に即した保育にはならないでしょう。どの場面で何を悩んでいたのか，何をつぶやいていたのかというような，完成品に至るまでの過程に着目することが必要なのです。

ドキュメンテーションを活用することで，保育の過程が見えるようになります。これによって，保育中は気がつかなかったことや見落としていたことに気がつき，次はこう変えてみようという改善策につながります。結果だけを見ていたのでは，よりよい改善策を考えるに至りません。これが，ドキュメンテーションを活用することで保育の質が高まるということなのです。保育は，多数の要素が複雑にからみあって展開されています。だから，何か一つを変えたら保育が劇的によくなったということはあまりないでしょう。しかし，小さな改善を地道に積み重ねることなくしては，保育の質向上はないのです。ドキュメンテーションを用いた保育とは，結果だけではなく，保育の過程を重視する保育であり，それゆえに保育の質向上につながるのです。

2 保育者・子ども・保護者にとってのドキュメンテーション

保育者にとってのドキュメンテーション

ここでは，保育に関わる３つの主体，すなわち保育者，子ども，保護者それぞれの観点から，なぜドキュメンテーションが必要なのかについて説明します。

まず，保育者にとって，ドキュメンテーションは保育を可視化し，自分の保育を振り返るために欠かせないものです。保育は，場当たり的にするものでも，やりっぱなしにするものでもありません。入念な指導計画を立ててから保育を展開し，保育中は子どもの様子や保育の展開を記録します。保育の後には，子どもたちは遊びを楽しめていたか，保育者の援助は適切であったかなど，その日の保育を一つひとつ丁寧に振り返り，評価していきます。保育を振り返る過程で，改善すべき点が見えてくるはずです。こうした改善点を次の指導計画に反映させて，保育を展開します。ドキュメンテーションは，こうした保育の流れ（サイクル）を円滑に進める際に有効な手段なのです。

保育を振り返る際は，保育中には気がつかなかったことや見落としていたことを探すようにします。保育中の保育者は，目の前の子どもの対応に追われています。子どもたち全体の動きを見つつも，子ども一人ひとりの動きに対応するということは簡単ではありません。つい見落としてしまうこともあります。特に，手がかかる子には意識を向けていても，物事をすいすいこなしていく子にはそうではないことがあります。しかし，すいすいこなしているようでも，その過程にはその子なりの工夫や創造があり，いつもとは異なる視点や方法で取り組んでいることがあります。だから，保育を振り返る際は，何事もそつなくこなしていく子の様子もしっかり確認するようにします。

このように，保育の振り返りは保育者自身が行うものではありますが，同僚保育者との保育カンファレンスでも行います。ドキュメンテーションを用いた保育カンファレンスを通じて，子どもたちの表情や言葉の背後にある気持ちや思い，この体験から何を学んでいるか，保育者の準備や援助は適切であったかについて，様々な観点から保育を振り返り，評価していきます。これによって，自分一人では気がつかなかったことや同僚保育者の保育に対する思いや見方を理解することができます。

保育の振り返りや評価を進めていくと，いくつかの改善すべき点が浮かび上がってきます。次の指導計画にはこれらを反映し，保育を展開していきます。改善すべき点として浮かび上がってきた項目は，一度にすべて解決する必要はありません。実際の保育では人的にも物的にも制限があるでしょう。全部まとめて解決しようとしても，うまくいきません。改善すべき点の重要さや実行しやすさを考慮して，一つずつ確実に解決していくようにします。こうした確実なステップを踏むことで，少しずつ保育の質を高めていくのです。そのために，保育者にはドキュメンテーションが欠かせないのです。

子どもたちにとってのドキュメンテーション

子どもたちにとってのドキュメンテーションとは，自分の学びの軌跡や達成したことを確認するためのものです。ドキュメンテーションは写真や動画から作られていますから，文字が読めない子どもでも自分の学びの軌跡や達成したことを確認できるのです。こうした体験を通じて，自尊感情や自己肯定感を育んでいきます。

ドキュメンテーションでは，子どもたちの活動の様子を写真や動画で記録します。そのため，子どもたちがドキュメンテーションを見た際に，そのときに自分が何を考えて，どのような決断をしたのかを思い返すことができます。たとえば，ある子はペットボトルのキャップで船を作ると決めました。船を作るために，同じ色のキャップを集めたのかもしれませんし，違う形のキャップを集めたのかもしれません。そのときの思考を思い返すことで，他に選択肢はなかったか，別の素材ならどうだったかのように様々なことを考えるでしょう。あるいは，友達の様子が写っているドキュメンテーションから新しいやり方を学ぶかもしれません。このように，自分や他者が学んでいる姿を見ることで，学びの自覚化や学び方の洗練化につながるのです。

また，子どもにとって，自分が行った活動の完成品や結果を見ることも大事な経験です。様々な試行錯誤を経て完成させた完成品や結果を見ることで，最後までやり抜くことや達成感を味わうことを体験することができるからです。やり抜く力や達成する力は非認知能力とも言われています。非認知能力は人生を成功させるために必要な力の一つであり，乳幼児期に育むことが重要であるとされています。ドキュメンテーションを通じて自分が最後までやり切った姿や結果を確認することで，子どもたちの中に非認知能力が育まれるようになります。

保育者は，子どもたちが自分の学びを確認している瞬間を逃さないようにしなくてはなりません。なぜなら，この瞬間にこそ子どもたちを理解するヒントがたくさんあるからです。ドキュメンテーションを子どもの目線の位置に掲示すると，子どもたちが集まってきます。一定の月齢以上になると，ドキュメンテーションの中の自分や友達の姿を見ながら，これは難しかったけどこうしたらできた，実はこういう方法も考えていたというように様々なことを口にします。このような子どもたちの中から出てきた言葉に耳をすませるのです。そうすることで，子どもたちの本当の気持ちや思いを知ることができます。これが，深い子ども理解につながり，子どもの立場に立った保育につながっていきます。

ドキュメンテーションを通じて，子どもたちは自分たちの学びの軌跡や達成したことを確認し，そこから新しいことに興味や関心をもったり，別の学び方を考えたりします。ドキュメンテーションは，子どもたちの育ちにとっても欠かせないのです。

保護者にとってのドキュメンテーション

保護者にとって，ドキュメンテーションは保育所や幼稚園内での子どもの様子を知り，園内の生活と家庭の生活を結ぶきっかけになるものです。こうしたつながりを通じて，保護者も子育てに積極的に関わり，子育ての喜びを味わうことができるようになります。

現代社会では，０歳から２歳児の40.5％が保育所に通っています（厚生労働省による調査）。これは，保護者の多くは子育てを自分だけでするのではなく，保育士と一緒に行っているということです。子どもが誕生して数か月後には保育所に預ける保護者もいます。子どもたちは保育所で過ごす時間が多くなり，子育ての大半は保育士が行うことになります。そのため，保育所での保育と家庭での子育ての方向性が異なると，子どもは混乱してしまいます。だから，保育所で行っている保育を保護者が知り，理解する必要があるのです。その際に，ドキュメンテーションが役立ちます。ドキュメンテーションでは，保育の過程や子どもの活動を可視化するので，保育所ではどのような保育をしているか，子どもの様子はどうかがよくわかります。

園内の様子がよくわかると，家庭での子育てと上手に結びつけることができます。たとえば，ニンジンが苦手な子どもの保護者がいたとしましょう。園内に掲示されているドキュメンテーションから，今日の保育の中で保育者が『にんじん』（作・絵：せなけいこ）を読み語りしたことを知れば，今日の夕食にニンジンを使った料理を出してみようと考えることもできます。あるいは，この物語をお母さんにも教えてと子どもに質問してもよいでしょう。子どもは自分が知っていることを大人に語ることで，どこか誇らしげになるものです。それがきっかけで，ニンジンを食べるようになるかもしれません。こうしたことが，園内の保育と家庭での子育てをつなぐということです。

『保育所保育指針』には，「保育及び子育てに関する知識や技術など，保育士等の専門性や，子どもが常に存在する環境など，保育所の特性を生かし，保護者が子どもの成長に気付き子育ての喜びを感じられるように努めること」とあります。保護者が子どもの成長に気がつき，子育ての喜びを感じるためには，保育所や幼稚園と家庭がしっかり連携していなくてはなりません。保育所や幼稚園と家庭それぞれができること，すべきこと，したいことを一つひとつすり合わせながら，連携や協働していくことが必要です。そのために，ドキュメンテーションが有効な手段となるのです。

3　ドキュメンテーションの歴史と展望

■レッジョ・アプローチにおけるドキュメンテーション

レッジョ・エミリアとは，イタリアにある都市の名前です。レッジョ・エミリアでの保育のやり方をレッジョ・アプローチと言います。では，レッジョ・アプローチとはどのようなものでしょう。ここでは，レッジョ・アプローチの特徴を３つ説明しましょう。子ども観，プロジェクト活動，ドキュメンテーションです。

①子ども観

まず，レッジョ・アプローチでは，子どもをどのような存在とみなしているのでしょうか。レッジョ・アプローチの子ども観とは，子どもは真っ白な状態の小さな大人ではなく，生まれたときから主体的に学ぶ意欲や意思をもつ存在であるということです。心理学者のジャン・ピアジェは，「子どもたちは，知識を詰め込むための空っぽの器ではなく，活発に認識を組み立てていく，常に彼ら独自の世界理論を創造しそれを試しつづける小さな科学者である」と言いました。レッジョ・アプローチの子ども観も同様の考え方です。

こうした子ども観は，保育のあり方にも影響を及ぼします。子どもは真っ白な状態，すなわち知識のないものと捉えると，知識を詰め込むことを優先した保育になりがちです。小さな大人，すなわち成熟していない弱い存在と捉えると，子どもの気持ちや意見より保育者の指導や意見を優先する教師主導型の保育になりがちです。しかし，子どもは小さな科学者であると捉えるとどうでしょうか。子どもの考えは仮説であり，子どもの行動は仮説の検証であり，子どもの言葉は仮説に対する考察となります。子どもの気持ちや意見が優先された子ども中心の保育になります。保育者の役割は，子どもが主体的に学べるような環境を用意したり，結論や結果ではなく学び方や調査方法を教えたりするものになります。

②プロジェクト活動

次に，レッジョ・アプローチではプロジェクト活動を重視しています。プロジェクト活動とは，簡単に言えば，子どもたちの興味や関心にしたがって保育を展開していくことです。たとえば，ある保育者がこいのぼりを作る保育を考えていたとしましょう。実際に保育を展開する前に予定していた流れは，導入として実物の鯉を見て，こいのぼりの製作をして，完成したものを園内に掲示するという流れです。しかし，実物の鯉を見た子どもたちが魚の生態や特徴に興味や関心をもったのなら，これらを反映した保育を展開していくのです。こいのぼりの製作の前に，絵本や図鑑で魚の生態や特徴について調べたり，子どもたちと近くにある川や水族館に出向いて実際の様子を確認したりするのです。

プロジェクト活動が子どもたちの興味や関心に即して行われるのは，レッジョ・アプローチの子ども観と関係があります。子どもは小さな科学者であり有能な学習者であるという考え方が前提にあるので，保育者の援助は最小限になります。子どもたちの興味や関心に即した保育では，学びが拡散して深まらないことや保育者として教育的な内容や指導を提供することができないこともあるでしょう。しかし，レッジョ・アプローチの子ども観は，子どもに対する強い信頼が前提にあります。魚の生態や特徴について学ぶ時間を十分にとってからこいのぼりの製作を行う方が，子どもたちの学びが深まると考えるのです。

③ドキュメンテーション

最後に，レッジョ・アプローチにはドキュメンテーションが欠かせません。なぜなら，子どもたちの興味や関心に基づいたプロジェクト活動を展開するためには，子どもたちの表情やしぐさ，つぶやきから興味や関心がどこにあるか，どこに向かっているかを知る必要があるからです。保育中の観察記録や写真という断片的な記録をドキュメンテーションとしてつなぎあわせていくことで，子どもたちの興味や関心が浮かび上がってきます。

ドキュメンテーションは，保育者だけではなく，教育の専門家であるペダゴジスタや芸術の専門家であるアトリエリスタとともに読み，解釈し，話し合います。ときには，子どもと一緒にドキュメンテーションを読み合うこともあります。このように，様々な観点からドキュメンテーションを話し合うことで，子どもに対する理解や保育者が果たすべき役割に対する理解が深まり，よりよいプロジェクト活動に発展していくのです。

レッジョ・アプローチの思想的な背景となっているローリス・マラグッティは,「創造性とは，戦車から学校をつくること」と言いました。戦車や学校という言葉を使っているのは，第二次世界大戦の敗戦国であるイタリアでは，戦後に残った戦車を解体し,売ることで得た資金を学校の設立にあてていたことからです。子どもたちの創造性を育むために，保育者は子どもたちの興味や関心のありかを把握し，子どもたちの学びに対する適切な援助を考える必要があります。プロジェクト活動は，子どもたちがしたいことをするだけでもなく,保育者が知識を教え込むのでもなく,子どもたちの主体性と保育者の指導性の両方が必要なものなのです。そのためにも，レッジョ・アプローチを支えるプロジェクト活動にはドキュメンテーションは欠かせないのです。

ドキュメンテーション，ポートフォリオ，ラーニング・ストーリー

保育の記録には，ドキュメンテーション以外にもポートフォリオやラーニング・ストーリーがあります。これらはいずれも，写真や動画を用いて保育を可視化するためのものです。では，ドキュメンテーションとポートフォリオやラーニング・ストーリーの違いはどこにあるのでしょうか。

①ポートフォリオとの違い

まず，ドキュメンテーションは特定の子どもというより，子どもたち同士の関係や関わりに着目します。ときには，子どもたちと保育者の関わりに着

目することもあります。ここが，ポートフォリオと異なるところです。ポートフォリオは特定の子どもの育ちを記録し，ファイリングすることを重視します。これによって，その子がどのように育ってきたのか，どのような学びを得てきたのかという育ちと学びの過程がよくわかります。子どもにとっては，ポートフォリオを振り返ることで，自分の成長を確認することができます。これが，自尊感情や自己肯定感につながります。たとえば，年中クラスのときに製作したものと年長クラスのときに製作したものでは，素材や色の多様さや精巧さが異なるでしょう。これらの写真を見比べることで，自分の成長を確認できるのです。このように，ポートフォリオは特定の子どもの育ちや学びの過程を可視化したものです。

それに対して，ドキュメンテーションは，特定の子どもの育ちや学びの過程を可視化することもありますが，主に子ども同士の関係や関わりに着目します。なぜなら，特定の子どもだけを見ていたのでは，遊びの中で友達から学んだことを活かしている様子や共通の目標をもってそれぞれが役割を果たしている場面を捉えることは難しいからです。たとえば，子どもたちが池で泳ぐ鯉を数えようとしているとします。鯉は常に動いていますから数えることは簡単でありません。動いている鯉を数えるという課題に対して，子どもたちはそれぞれが数える範囲を決めるかもしれません。あるいは，赤い鯉だけを数える人というように鯉の色別で担当者を決めるかもしれません。このように，子どもたちの関わりの中から，目標を達成するために自分の役割を果たす様子やそのやり方，その子らしい取り組み方を見出すことができます。

②ラーニング・ストーリーとの違い

次に，ドキュメンテーションは自由度が高い保育の記録です。具体的に言うと，ドキュメンテーションはあらかじめ決まった視点があるわけではないので，ドキュメンテーションを作る側の場面を切り取る力やそれらをつないで物語を構成する力や，読む側の読み取る力や解釈する力が求められます。ここが，ラーニング・ストーリーと異なるところです。ラーニング・ストーリーはニュージーランドで始まった保育を評価する方法です。子どもたちの育ちや学びを物語と捉え，どのような育ちや学びをしているかを読み取っていくのです。ストーリーとあるように，子どもの活動を細切れに，断片的に見ていくのではなく，一つの物語として見ていきます。なぜなら，一つひとつの活動を見ていたのではわからないことも，活動の流れや全体を見ることでわかることがあるからです。

たとえば，子ども同士のいざこざの場面で，ＡくんがＢくんを叩いたという場面だけを見ているのと，二人のこれまでの関係や今日の遊びの様子を見た上で叩く場面を見るのとでは，子どもたちに対する理解や保育者の対応も変わるでしょう。友達を叩くという行為は好ましいことではありませんが，その場面だけを見ていても子どもたちの気持ちは理解できません。叩くという行為は，きっかけがあったから生じたにすぎないからです。だから，叩くという一つの場面に至るまでの子どもたちの様子や活動，その背後にある気持ちや思いを読み取り，つなぎ合わせることが必要なのです。このように，子どもたちのことを理解するためには，子どもたちの様子や活動を物語として捉えることが重要なのです。

子どもたちの育ちや学びを読み取るために，ラーニング・ストーリーには５つの視点が示されています（マーガレット・カー著，大宮勇雄・鈴木佐喜子訳『保育の場で子どもの学びをアセスメントする―「学びの物語」アプローチの理論と実践―』，ひとなる書房，2013年）。子どもたちの育ちや学びが見られる場面といってもよいでしょう。１つ目は，「子どもが何かに興味をもったとき」です。子どもたちが，会話や物，現象に興味や関心を示している場面です。２つ目は，「子どもが熱中して取り組んでいるとき」です。子どもたちが何かに集中している場面です。３つ目は，「子どもがぐっとこらえて乗り越えようとしているとき」です。難しいことや経験したことがないことに対して，子どもたちがあきらめないで取り組んでいたり，方法や視点を工夫して最後までやり抜こうとしたりしている場面です。４つ目は，「子どもが自分の気持ちを表現しているとき」です。言葉による表現だけではなく，絵，製作物，歌，仕草，数字のような様々な方法によって気持ちを表現している場面です。５つ目は，「子どもが自分の役割を果たしているとき」です。共通の目標に向かって活動に取り組んだり友達の手助けをしたり，友達や保育者の中で自分の役割や責任を果たしている場面です。

このように，ラーニング・ストーリーには子どもたちの育ちや学びを読み取る視点が用意されていますが，ドキュメンテーションにはありません。だから，ドキュメンテーションを作る側はどの場面を選択して，どのようにまとめるかという保育を伝える力が必要になります。読む側は読み取る力や解釈する力が必要になります。ラーニング・ストーリーのように視点があらかじめ用意されていると，同僚保育者と子どもたちの様子を共有し，議論しやすいでしょう。まずは，「子どもが何かに興味をもったとき」に着目して意見を交換しましょう，というようにです。しかし，ドキュメンテーションではこうした共通の視点がないため，作る側と読む側，読む側同士の理解や議論をすり合わせていくことから始めなくてはなりません。

様々な工夫を凝らしたドキュメンテーション

ドキュメンテーションは自由度が高いことから，多くの保育所や幼稚園でも様々な工夫をして活用されています。たとえば，ドキュメンテーションにラーニング・ストーリーの５つの視点を取り入れている幼稚園もあります。ドキュメンテーションを通じた同僚保育者との保育の話し合いを円滑にするためには，共通の視点があったほうがよいとの考えからです。また，本書で紹介している金生幼稚園は３法令の「幼児期の終わりまでに育ってほしい姿」を活用しています。ドキュメンテーションを「幼児期の終わりまでに育ってほしい姿」の視点から読み取ることで，子どもたちが考える前に声がけしすぎてしまい「自立心」を育めていなかったというように，保育に対して振り返り，次の保育の展開を考えるようにしています。

また，スマートフォンやタブレットのようなデジタルデバイスを活用したドキュメンテーションも増えてきています。たとえば，ドキュメンテーションをスマートフォンのアプリで作り，子どもたちがドキュメンテーションをいつでも見ることができるように園内の大型ディスプレイやデジタルフォトフレームに映したり，保護者に送信したりしている保育所もあります。また，Evernote を使ってドキュメンテーションを作り，活動や対象となる子どもにタグをつけて，ノートブックにしている保育所もあります。Evernote を使うことで，ドキュメンテーションにポートフォリオの機能をもたせることができるのです。これらはスマートフォンが1つあればできることです。スマートフォンやタブレットのようなデジタルデバイスは，種類の多様さ，利用しやすさ，記録の蓄積のしやすさ，編集しやすさ，共有しやすさから，ドキュメンテーションを活用した保育に役立つのです。

このように，ドキュメンテーションの自由度の高さは，ドキュメンテーションを活用した保育の発展につながります。各園の保育の方針や方法，デジタルデバイスの進化や保育に関する法令の改定に即して柔軟に変更して活用することができるからです。

3法令にみるドキュメンテーション

幼稚園，認定こども園，保育所で行われる教育や保育の原理や原則を詳しくまとめたものとして，『幼稚園教育要領解説』，『幼保連携型認定こども園教育・保育要領解説』，『保育所保育指針解説』があります。これら3法令には，ドキュメンテーションという言葉はでてきません。しかし，保育を可視化し振り返ることやそのために写真や動画を用いることのように，ドキュメンテーションが目指していることやそのための方法と同じ記述は多く見られます。

①『幼稚園教育要領解説』

ここでは，「他の教師などに保育や記録を見てもらい，それに基づいて話し合うことによって，自分一人では気付かなかった幼児の姿や自分の保育の課題などを振り返り，多角的に評価していく」，「幼児一人一人のよさや可能性などを把握するために，日々の記録やエピソード，写真など幼児の評価の参考となる情報を生かしながら評価を行ったり，複数の教職員で，それぞれの判断の根拠となっている考え方を突き合わせながら同じ幼児のよさを捉えたりして，より多面的に幼児を捉える工夫をする」と説明されています。

②『幼保連携型認定こども園教育・保育要領解説』

ここでは，「保育教諭等が指導の過程について評価を適切に行い，常に指導計画の改善を図っていくためには，記録が不可欠である。また，記録すること自体が，乳幼児理解，指導を読み解くことになるとともに，今後の指導の方向性を探る際の基礎資料にもなる。記録を通じて評価を行うことによって日々の実践の質を高めることが可能になる」と説明されています。

③『保育所保育指針解説』

ここでは，「記録という行為を通して，保育中には気付かなかったことや意識していなかったことに改めて気付くこともある」，「職場内での研修の際には，具体的な子どもたちの姿や関わり，環境のあり方などを捉えた文字や写真，動画などによる保育の記録を用いて，参加する者全員が理解を共有しやすくする工夫が必要である」と説明されています。

このように，３法令ではドキュメンテーションという言葉そのものはでてきませんが，写真等で保育を可視化することや記録を用いたカンファレンスの大切さが説明されています。ドキュメンテーションを活用して，保育者は保育を可視化し，振り返り評価することで，改善すべき点を見つけて次の保育に反映させていくようにします。

記録のない専門職はありません。医師や弁護士のような専門家は必ず記録を作り，記録に基づいて業務を行います。それが，業務の質向上に欠かせないからです。保育者は保育の専門家です。ドキュメンテーションを活用し，よりよい保育を目指しましょう。

4　ドキュメンテーションの作り方と使い方

ドキュメンテーションの作成と活用の流れ

ドキュメンテーションは写真や動画によって保育を可視化する保育の記録です。では，どのように作り，活用するのでしょうか。ドキュメンテーションの作り方と使い方には，４つのステップがあります。①子どもたちの様子や活動，保育の環境の【観察・記録】，②写真や動画を整理して，保育の内容がわかるようにする【編集】，③ドキュメンテーションを活用した保育者の【省察】，④同僚保育者，子どもたち，保護者とのドキュメンテーションの【共有】，以上の４つのステップです。ここでは，各ステップの要点だけ説明し，詳しい内容は後述します。

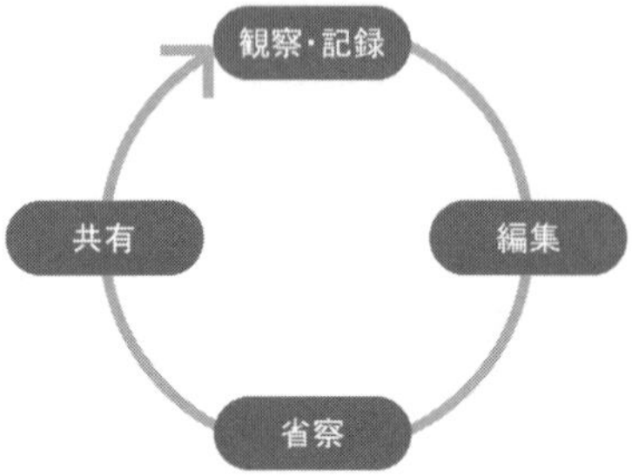

ドキュメンテーションの作り方と使い方の４つのステップ

①【観察・記録】のステップ

観察は，子どもたちの様子や活動をよく見て，会話や言葉に耳をすませます。子どもたちを見ながら直感的に気がつくことや理由はわからないけれども気になることも大事ですが，どのような視点から見るかを明確にするとよいでしょう。たとえば，子どもたちが遊んでいる様子を漠然と見ているのではなく，「幼児期の終わりまでに育ってほしい姿」の視点を使い，この遊びの中でどの姿が見られるだろうか，どのような援助をすればもっと伸ばすことができるだろうかと考えながら見るようにします。また，観察しながらスマートフォンやタブレットを使って写真や動画を記録していきます。子どもたちが作った完成品（絵や製作物）だけを記録するのではなく，試行錯誤する様子やそのときの表情やしぐさ，友達との会話や保育者に尋ねたことのような，完成品に至るまでの過程を記録するようにします。

②【編集】のステップ

観察しながら記録した写真や動画を素材として，子どもたちが何を，どのように学び，何を達成したのか，保育者が用意した環境や援助はどのようなものだったかがわかるように整理します。記録はとっただけでは意味をなしません。意味があるように配置したり，並べ替えたりするという編集が必要になります。みなさんも，旅行の写真をFacebookやTwitterにアップする際は，どの写真をアップしようか，どういう順番でアップしようかと考えるはずです。それは，無秩序に写真をアップしただけでは自分が伝えたことを伝えられないからではないでしょうか。同じように，ドキュメンテーションを作成する際も，写真や動画という素材から意味のある選択，配置，構成をする必要があります。これが，編集です。

また，写真を掲載しただけではわかりにくい場合は，簡単な説明を添えてもよいでしょう。保育をしながら記録することは簡単なことではありませんから，写真が十分ではないこともあります。写真を見ただけではわからないことは，最小限の補足説明をつけておくようにします。

③【省察】のステップ

ドキュメンテーションが完成したら，【省察】のステップに進みます。省察とは，ドキュメンテーションをもとにして子どもたちの興味や関心のありか，その子ならではの学び方，保育者の援助や環境を振り返ることで，保育の改善すべき点を見つけることです。ここでは省察と言いましたが，解釈という言い方をすることもあります。ドキュメンテーションに表れた子どもたちの笑顔や振る舞いにステキ！　かわいい！　と感動するだけではなく，なぜ子どもたちはそのようなやり方をしたのか，なぜそれに興味や疑問をもったのかを考えます。ドキュメンテーションを構成する写真や動画そのものに意味があるのではありません。そこから，保育者が意味を抽出すること，それを次の保育の展開に生かしていくことに意味があるのです。だから，省察が必要です。保育がうまくいったときも，うまくいかなかったときも，なぜそうだったか，次はどうしたらよいかを考えるのです。

④【共有】のステップ

ドキュメンテーションを活用した保育者の省察によって，子どもたちや保育者自身の保育に対する理解を深めることができます。しかし，保育者一人で省察をしているだけでは，狭い視野に囚われてしまうこともあります。子どもたちや保育に対して様々な角度から見たり，様々な意見を聞いたりする必要があります。そこで，【共有】のステップが重要になります。具体的には，同僚保育者，子どもたち，保護者と共有します。同僚保育者とドキュメンテーションを共有することで，自分では気がつかなかったことや思いつかなかったことを学ぶことができます。子どもたちと共有することで，子どもたちの意見を聞き，保育に反映させることができます。保護者と共有することで，園内の保育と家庭の子育てのつながりを強化することができます。このように，ドキュメンテーションを共有することで多数の視点から保育を見ることができ，新たな視点や発見を得ることができます。それが，よりよい保育を考えるきっかけになるのです。

4つのステップの進め方

以上が，ドキュメンテーションの作り方と使い方の４つのステップです。これらのステップは，【編集】は【観察・記録】の次でなければならないというように一方通行に進めることはありません。前のステップと後のステップを行ったり来たりしたり，同時に行ったりすることが多いです。たとえば，スマートフォンやタブレットのアプリを使えば【観察・記録】と【編集】が同時にできることもあります。【省察】は，保育が終わった後だけではなく，保育の最中も行っていることがあります。すなわち，【観察・記録】，【編集】，【省察】が同時に進んでいることもあるのです。【共有】によって得た意見を踏まえて，さらに深い【省察】につながることもあります。このように，4つのステップは何度も行きつ戻りつ，同時に進んでいくものなのです。

ドキュメンテーションと教育的ドキュメンテーション

スウェーデンのドキュメンテーションでは，写真や動画を用いて作成した保育の記録をドキュメンテーションとし，ドキュメンテーションを活用した保育者のリフレクション（振り返り，省察，話し合い）を教育的ドキュメンテーションと分けています。ドキュメンテーションを作ったり園内に掲示したりするだけでは，教育的ドキュメンテーションとは言いません。保育者が保育を省察したり，同僚保育者，子どもたち，保護者と話し合ったりすることで，よりよい保育を考え合うことが教育的ドキュメンテーションなのです。

本書ではドキュメンテーションと教育的ドキュメンテーションの言葉の使い分けはしていませんが，この違いは重要です。すなわち，ドキュメンテーションは作って終わりではないということです。園内に掲示しておけばよいのではないということです。ドキュメンテーションを使って，保育の振り返り，省察，話し合いのような教育的な活動をしてこそ，意味や価値があるのです。多くの保育所や幼稚園でドキュメンテーションが導入されていますが，作って終わり，掲示して終わりになっていることが多いのではないでしょうか。ドキュメンテーションを使って，省察や議論をし，子どもたちや保育に対する理解を深め，よりよい保育を展開していくことが重要なのです。

先の4つのステップはいずれのステップも重要ですが，ドキュメンテーションを教育的ドキュメンテーションに変えるためには，省察や共有が欠かせません。ドキュメンテーションを作って，今日の子どもたちの様子はこうでしたというだけでは連絡帳と変わりません。また，園内にドキュメンテーションを掲示すれば保護者も見るでしょう。しかし，これだけでは園便りと変わりません。保護者に対するささやかなサービスに過ぎません。ドキュメンテーションは，連絡帳や園便りとは異なります。よりよい保育を生み出すためのものです。そのためにも，保育者の省察や共有が重要なのです。

5 観察と記録

2つの観察方法

ドキュメンテーションを作り，活用するためには，まず子どもたちの様子や活動，保育の環境を観察することから始めます。観察には，あらかじめこの視点で見ようと決めない場合と，決めておく場合の2つがあります。ここでは視点と言いましたが，テーマや場面と言ってもよいです。どちらの観察方法も重要です。あらかじめ視点を決めない場合，様々なことを見ることができますが，漠然と見ているだけで終わることもあります。一方，あらかじめ視点を決めておく場合は，その視点にそってしっかり見ることができますが，それ以外の重要なことを見落としたり視野が狭くなったりすることもあります。それぞれの観察方法のよさと限界を理解し，上手に使い分けていくことが重要です。

①視点を決めない観察

あらかじめ視点を決めないで観察するというのは，子どもたちが遊んでいる様子を見ながら，理由は説明できないけれど気になること，直感的にこれは見逃してはいけないと感じることにしたがって見ていくことです。子どもたちは，言葉はもちろんのこと，表情，しぐさ，雰囲気などからたくさんのメッセージを出しています。子どもたちから発せられるこうしたメッセージに直感的に反応できるようになることは，子どもたちに対する理解を深めるためにも，保育者としての感性や感覚を育むためにも重要なことです。しかし，こうした見方は漠然と見ているだけになりがちでもあります。

②視点を決めておく観察

そこで，あらかじめ視点を決めて観察する方法もあります。具体的には，今日は子どもたちの言葉に着目しよう，子どもたちの空間の使い方に着目しようというように，あらかじめ子どもたちの何を見るか，どのような場面を見るかを決めておくことです。このように，視点を決めて観察することで観察する対象を明確にすることができます。だから，細かいことにも気がつくようになります。私たちは毎日，たくさんのものを見ています。しかし，その見ているものについて質問されると答えられないことが多いのです。

たとえば，みなさんはいま腕にしている時計の文字盤を正確に書けるでしょうか。毎日見ているはずなのに正確に書けないのではないでしょうか。あるいは，スターバックスやセブンイレブンのロゴを正確に書けるでしょうか。これらを一度も見たことがないという方はいないでしょうが，正確に書けない方は多いのではないでしょうか。ちなみに，セブンイレブンのロゴはELEVEnと最後は小文字のnになっています。このように，私たちは見ているようで見ていないのです。だから，視点を決めた観察が必要になります。今日はこの視点で見ると決めておくことで，子どもたちや保育の環境の何を見るかが明確になるのです。

どのような視点を使って観察するか

では，どのような視点を使えば，子どもたちの様子や活動，保育を細かく観察することができるのでしょうか。もちろん，どの視点がよい，悪いというような正解や基準はありません。ここでは，３つ例を挙げます。まず，保育の５領域です。５領域とは，子どもたちを発達の側面から，心身の健康に関する領域「健康」，人との関わりに関する領域「人間関係」，身近な環境との関わりに関する領域「環境」，言葉の獲得に関する領域「言葉」，感性と表現に関する領域「表現」としてまとめたものです。保育は養護と教育を一体的に展開するものですから，５領域に加えて，養護（生命の保持と情緒の安定）の視点も一緒に使ってもよいでしょう。

次に，先に紹介したラーニング・ストーリーで使用されている５つの視点でもよいでしょう。「子どもが何かに興味をもったとき」，「子どもが熱中して取り組んでいるとき」,「子どもがぐっとこらえて乗り越えようとしているとき」,「子どもが自分の気持ちを表現しているとき」,「子どもが自分の役割を果たしているとき」です。

最後に，３法令に「幼児期の終わりまでに育ってほしい姿」として掲載されている10の姿でもよいでしょう。10の姿は，以下の通りです。

１．健康な心と体

幼稚園生活の中で，充実感をもって自分のやりたいことに向かって心と体を十分に働かせ，見通しをもって行動し，自ら健康で安全な生活をつくり出すようになる。

２．自立心

身近な環境に主体的に関わり様々な活動を楽しむ中で，しなければならないことを自覚し，自分の力で行うために考えたり，工夫したりしながら，諦めずにやり遂げることで達成感を味わい，自信をもって行動するようになる。

３．協同性

友達と関わる中で，互いの思いや考えなどを共有し，共通の目的の実現に向けて，考えたり，工夫したり，協力したりし，充実感をもってやり遂げるようになる。

４．道徳性・規範意識の芽生え

友達と様々な体験を重ねる中で，してよいことや悪いことが分かり，自分の行動を振り返ったり，友達の気持ちに共感したりし，相手の立場に立って行動するようになる。また，きまりを守る必要性が分かり，自分の気持ちを調整し，友達と折り合いを付けながら，きまりをつくったり，守ったりするようになる。

５．社会生活との関わり

家族を大切にしようとする気持ちをもつとともに，地域の身近な人と触れ合う中で，人との様々な関わり方に気付き，相手の気持ちを考えて関わり，自分が役に立つ喜びを感じ，地域に親しみをもつようになる。また，幼稚園内外の様々な環境に関わる中で，遊びや生活に必要な情報を取り入れ，情報に基づき判断したり，情報を伝え合ったり，活用したりするなど，情報を役立てながら活動するようになるとともに，公共の施設を大切に利用するなどして，社会とのつながりなどを意識するようになる。

6．思考力の芽生え

身近な事象に積極的に関わる中で，物の性質や仕組みなどを感じ取ったり，気付いたりし，考えたり，予想したり，工夫したりするなど，多様な関わりを楽しむようになる。また，友達の様々な考えに触れる中で，自分と異なる考えがあることに気付き，自ら判断したり，考え直したりするなど，新しい考えを生み出す喜びを味わいながら，自分の考えをよりよいものにするようになる。

7．自然との関わり・生命尊重

自然に触れて感動する体験を通して，自然の変化などを感じ取り，好奇心や探究心をもって考え言葉などで表現しながら，身近な事象への関心が高まるとともに，自然への愛情や畏敬の念をもつようになる。また，身近な動植物に心を動かされる中で，生命の不思議さや尊さに気付き，身近な動植物への接し方を考え，命あるものとしていたわり，大切にする気持ちをもって関わるようになる。

8．数量や図形，標識や文字などへの関心・感覚

遊びや生活の中で，数量や図形，標識や文字などに親しむ体験を重ねたり，標識や文字の役割に気付いたりし，自らの必要感に基づきこれらを活用し，興味や関心，感覚をもつようになる。

9．言葉による伝え合い

先生や友達と心を通わせる中で，絵本や物語などに親しみながら，豊かな言葉や表現を身に付け，経験したことや考えたことなどを言葉で伝えたり，相手の話を注意して聞いたりし，言葉による伝え合いを楽しむようになる。

10．豊かな感性と表現

心を動かす出来事などに触れ感性を働かせる中で，様々な素材の特徴や表現の仕方などに気付き，感じたことや考えたことを自分で表現したり，友達

同士で表現する過程を楽しんだりし，表現する喜びを味わい，意欲をもつようになる。

このような視点をもって子どもたちを観察することで，保育者は，子どもたちの興味や関心，調べ方や学び方，知識の活用方法を発見することができます。もちろん，ここで挙げた３つ以外の視点を使ってもかまいません。また，これらの中から自分なりにいくつかを組み合わせて使ってもよいでしょう。視点の選択には保育者の経験や感性が反映されることから，既製品ではなく自分に適したオーダーメイドの視点を用意してもよいのです。さらに，観察の最中に状況に応じて視点を変えてもよいです。子どもたちの遊びの展開は予測できないほど創造的なこともあります。だから，あらかじめ決めた視点に固執しないで，目の前の子どもたちの様子や保育の展開に応じて柔軟に変えるようにしましょう。

ドキュメンテーションから見る視点を決めた観察

では，保育者が実際に作成したドキュメンテーションを使って，あらかじめ視点を決めた観察をどのように行ったのかについて説明していきます。

ロープ迷路にチャレンジ！

対象:5歳児ふじ組　作成者:廣瀬 未奈
作成日:平成30年5月11日

・ねらい
友達と一緒にダイナミックな遊びを楽しみ、開放感を味わう

今日の活動ではロープ迷路に挑戦しました。始めは「むずかしそう…」と不安そうな声も聞かれましたが、やっていくうちにいろんなおもしろさが見つかってきたようで、「もう1回したい！」「次はあたらずにゴールしたいな」と言いながら楽しむ姿が見られました。(健康な心と身体)

回数を重ねるごとにどこを通ればあたらずに行けるかを考え、体の動かし方を工夫しながらゴールを目指す姿も見られるようになりました。(思考力の芽生え)

この遊びは、園内研修時に芸術士の授業を受けて思いついたものです。予想もできないようなおもしろい経験がたくさんでき、毎回子どもたちのいろんな一面に出会いながら一緒に楽しんでいます。

このドキュメンテーションは，園庭の遊具にロープを張り巡らすことで迷路のようにしたものです。子どもたちはロープの間をくぐりぬけて遊んでいます。子どもが遊びを楽しむ様子を見て，楽しそう！　おもしろそう！　というように保育者も楽しい気持ちになったり，子どもたちと一緒に遊んだりすることは重要なことです。しかし，それだけではなく，この遊びから子どもたちは何を，どのように学んでいるか，どのような援助をすればもっと学べるかを考えるようにします。

廣瀬未奈先生は，いつも10の姿を視点として子どもたちの様子を観察しています。その遊びは10の姿のどの力を育むようになっているか，もっと伸ばすにはどうしたらよいかと考えながら観察しているのです。このロープ遊びでも，最初は子どもたちがロープをくぐるだけの遊びでした。しかし，10の姿の視点で遊びを見ると，様々なことに気がつきます。たとえば，子どもたちがもっと体の使い方を工夫したり（「健康な心と体」），想像力を駆使して先のことを見通したりする（「思考力の芽生え」）ような遊びにするためにはどうしたらよいかと考えることができます。

そこで，ロープに当たらないように進むというルールを設定したら，体を巧みに使うことにもなるし，どこに進めばロープに当たらないか試行錯誤するだろうと考え，ルールを設定したのです。また，一人で楽しむだけではなく，友達と共通の目的をもって協力し合う経験ができるように（「協同性」），友達と一緒にロープの中を通って一つの物を運ぶという遊びも用意しました。これは，「協同性」という視点から子どもたちが遊んでいる様子を見たことによって，一人ずつロープをくぐっていることに気がついたからこそ考えることができた遊びの展開です。

こうした発想は，言われてみるとなるほどと思うことですが，実際に保育をしている最中に考えることは簡単なことではありません。ドキュメンテーションにもあるように，できるかどうか不安そうな子どもたちには安心感を与えるようにしなければなりません。一方で，廣瀬先生の話を聞いている最中に挑戦する心に火がついて，元気いっぱいに遊び始める子どもたちもいます。こうした中で，子どもたちの様子をしっかり観察して，保育を展開していくことは簡単なことではありません。しかし，10の姿のような視点を使うことで，保育者の観察する力や保育を考える力の支えになるのです。

このように，視点をもって観察することで，子どもたちの様子をより丁寧に見ることができます。あらかじめ視点を決めてきめ細やかに観察することが発見をもたらし，それを踏まえた保育を展開することで，よりよい保育になっていくのです。

■ドキュメンテーションの素材となる写真や動画

ドキュメンテーションの素材として，写真や動画，観察記録，子どもたちの作品（絵や製作物）などがあります。こうした素材を用いて，保育を可視化します。スマートフォンやタブレット，デジタルカメラやICレコーダーなど，どのようなデバイスを使うか，素材は写真にするか動画にするかは，ドキュメンテーションを作る保育者の目的や伝えたいことによって異なります。たとえば，子どもたちの言葉を伝えたい場合は写真ではなく，動画や観察記録を使います。子どもたちの様子や保育の展開を伝えたい場合は，写真や動画，動画のキャプチャー（動画の一部を切り取りしたもの）を使います。特に，子どもたちや保育者の動き，保育の環境との関わりを伝えたい場合は動画が適しています。ドキュメンテーションの作成では，どのデバイスや素材が一番よいということはありません。ドキュメンテーションを作る保育者の目的や伝えたいことによって変わるからです。

ここでは，ドキュメンテーションの素材としてよく使われる写真と動画について説明します。まず，写真にも動画にも共通する特長が３つあります。①たくさんの情報を，②正確に，③簡単に伝達できることです。

①たくさんの情報を伝えることができる

まず，①たくさんの情報を伝達しやすいとは，写真や動画は子どもたちの様子だけではなく，その周囲の友達の表情やしぐさ，どのような素材や道具がどこに配置されていたかのような保育の環境も伝えることができるということです。子どもたちの様子を観察記録する場合と比べると，写真や動画はたくさんの情報を保育者にもたらしてくれる雄弁なものです。これが，保育を振り返る際に，新たな発見や見落としに気がつくきっかけとなります。

②正確に伝えることができる

次に，②正確に伝えることができるとは，言葉で説明するより，写真や動画の方が正確に情報を伝えやすいということです。伝言ゲームを経験したことがある人は，言葉は常に不完全であり，人によって捉え方が違うことを感じているはずです。特に，子どもたちの表情やしぐさを言葉で伝えることは難しいでしょう。はにかんだような笑顔という場合，みなさんはどのような笑顔を想像するでしょうか。おそらく，人によって異なる笑顔を想像しているのではないでしょうか。しかし，写真や動画で見れば，はにかんだような笑顔がどのようなものか正確にわかります。

③簡単に伝えることができる

最後に，③簡単に伝達できるとは，言葉で伝えると難しいことでも写真や動画を見ればすぐにわかるということです。たとえば，みなさんは４月になるとお花見をすることがあるでしょう。では，今年のお花見で見た桜の美しさを言葉で説明できるでしょうか。みなさんが，Facebook や LINE に写真や動画をアップするのは，言葉で説明するより写真や動画を見てもらう方が早いからではないでしょうか。これは，②の正確に伝えるとも関係していますが，たくさんの言葉を積み重ねるよりも写真や動画を使う方が説明しやすいのです。このように，写真や動画は保育を可視化する素材として役立ちます。

写真や動画を撮影する際の３つの配慮

まず，子どもたちの絵や製作物のような完成品だけを記録するのではなく，そこに至るまでの試行錯誤や創意工夫の過程がわかるようにします。完成に至るまでの様子から，子どもたちの学び方や着眼点，こだわりがわかります。こうした過程にこそ，子どもたち一人ひとりの個性や性格が表れます。

次に，写真や動画を撮影する際は，観察の際にあらかじめ視点を決めていた場合はそれに即して撮影したり，直感的に気になったところを撮影したりします。特に，直感的に気になったところを保育の後に振り返ってみると，重要な課題や改善点であったということはよくあります。何か気になる，何か違和感があるというような，みなさん自身の感性や感覚を大事にしてください。

最後に，写真や動画を撮影することが目的化しないようにします。保育者が第一にすべきことは子どもたちと向き合い，保育を展開することです。だから，素敵な場面を撮影しよう，たくさん撮影しようと考えて，目の前の子どもたちから心が離れたり，子どもたちへの対応が後回しになったりしてはいけません。撮影しきれない様子や場面があってもよいのです。ドキュメンテーションはよりよい保育を展開する手段であり，そのために目の前の保育がおろそかになるというのでは本末転倒です。

なお，動画は長時間の撮影をしないことです。ドキュメンテーションは活用してこそ意味がありますが，長時間の映像を再確認する機会はそれほど多くはありません。また，動画を撮られる側の心理的な負担が大きくなります。動画は子どもたちや保育の様子を細かく伝えることができます。だから，園内の保育者が動画を共有し意見を交換することで，お互いの保育観や保育の方法を知ることができます。一体感も得られるでしょう。しかし，毎日の保育に追われている中で長時間の動画を再確認することは容易なことではありません。だから，動画を撮影する場合は短時間にするか，動画を共有する際に使用する部分を決めておきましょう。

デジタルデバイスを使った記録のあり方

ドキュメンテーションの素材を集めるデバイスとして，スマートフォンやタブレット，デジタルカメラやICレコーダーを挙げましたが，実際はスマートフォンやタブレットのようなデジタルデバイスだけ十分です。なぜなら，これらは写真や動画を撮影するだけではなく，ノートやICレコーダーの機能もあるからです。ドキュメンテーションの素材を集める際は，ポケットにスマートフォンを入れておくだけでよいのです。

たとえば，子どもたちの言葉や保育者自身が気になったことを記録する際，これまではノートやメモ帳にペンで記していたでしょう。しかし，いまはスマートフォンに音声入力すればよいのです。紙もペンも必要ありません。特に，保育をしている最中に気になったことを書こうとしても，考えがまとまらずに書けないことや，手元にペンがなくて書けないこともあるでしょう。しかし，音声入力ならスマートフォンに向かって話すだけです。音声入力には抵抗があるという人は，iPadとApple Pencilを使うとよいでしょう。Apple PencilをiPadにあてるとすぐにメモができるようになるので，紙とペンと同じように使えます。

このように，あらゆる記録をデジタルデータ化しておくことで，ドキュメンテーションを作る際の負担を減らすことができます。なぜなら，デジタルデータはコピーや貼り付け，タグ付けが容易にできるなど編集しやすいからです。スマートフォンやiPadでの入力は苦手という人は，子どもたちの様子や気がついたことをメモ帳にペンで書いて，それをスマートフォンでスキャンすれば簡単にデジタルデータにできます。ScanSnapのようなドキュメントスキャナーや，Office LensやGoogle Driveのようなスマートフォンやタブレットのスキャナーアプリを使うことで，子どもたちの作品もデジタルデータにすることができます。

ドキュメンテーションの作成には，デジタルデバイスを活用するようにしていくとよいでしょう。ドキュメンテーションを作ることそのものは目的ではなく，ドキュメンテーションを活用して保育を振り返り，よりよい保育を考え合うことが目的なのです。そこに集中するためにも，デジタルデバイスを活用して，ドキュメンテーションを効率的に作成するようにしましょう。

6　写真や動画の編集

ドキュメンテーションのフォーマット

ドキュメンテーションは自由度が高い保育の記録のため，特定のフォーマット（様式，形式）があるわけではありません。ドキュメンテーションを取り入れている各園によって異なります。しかし，まったく何もないところからドキュメンテーションを作成することは難しいため，園内で共通のフォーマットを用意したり，各保育者が自分なりのフォーマットを作ったりしておくとよいでしょう。ここでは，金生幼稚園のドキュメンテーションのフォーマットを紹介しましょう。

自然と触れ合うことを楽しむ

対象:4歳さくら組　作成者:山川可純
作成日:平成30年4月27日

ねらい
・自然と触れ合うことを楽しみ、季節の行事に親しみを持つ

●保育の振り返り
　こいのぼり製作を行うにあたって、実際にお寺へ鯉を見に行きました。
手を叩くと鯉が近寄ってくると子ども達は大喜びであり自ら鯉と触れ合う姿が見られました。また「おっきー」「何か食べよる」「あっちに行ったよ」と鯉に興味津々な姿も見られました。（自然との関わり）
　その後はこいのぼり製作を行いました。画用紙に水玉模様やハート・お花などこいのぼりの模様を一人ひとりが様々なかたちで自由に楽しく表現する姿も見られました。（豊かな感性と表現）
　実際に身近な自然に触れるなかで子ども達の豊かな感性が育まれます。

金生幼稚園のドキュメンテーションのフォーマットには，５つの項目があります。ドキュメンテーションのタイトル，作成者と作成日，保育のねらい，写真や動画のキャプチャーの配置，保育の振り返りです。

①タイトル

まず，ドキュメンテーションのタイトルは，ドキュメンテーションを通じて保育者が伝えたいことを簡潔に書きます。子どもたちの遊びの様子や遊びから学んでいることでもよいし，保育者が工夫したところでもよいです。タイトルを考えることで，このドキュメンテーションを通じて何を伝えたいのか，何のために作るのかを考えることができます。また，ドキュメンテーションを同僚保育者や保護者と共有する際も，タイトルがあることで共有が円滑に進みます。

②作成者と作成日

２つ目に，ドキュメンテーションの作成者と作成日です。ドキュメンテーションは保育者の保育履歴にもなります。ドキュメンテーションを蓄積することで，長い目で保育を振り返ることができ，自分の保育の特徴や成長を確認できます。また，同僚保育者のドキュメンテーションを読むことで，様々な保育のやり方や視点を学ぶことができます。憧れの保育者のドキュメンテーションは保育の手引きとしても活用できます。だから，ドキュメンテーションを蓄積し，定期的に振り返ることが重要です。そのために，ドキュメンテーションに作成者を記入する必要があります。また，同僚保育者や保護者と共有するためにも，誰が作成したドキュメンテーションかがわかるようにしておく必要があります。

作成日は，季節を意識した保育になっているか，いつの時点での子どもたちの様子かをわかるようにするために必要です。１年前の子どもたちの様子や作品のドキュメンテーションと，いまのドキュメンテーションを並べて掲示することで，子どもたちの成長がよくわかります。また，いまと数年前の同じ日のドキュメンテーションを比べることで，保育者の成長も確認できます。新人保育者の頃の保育と数年経過した後の保育のそれぞれのよさや課題を確認できるでしょう。

③保育のねらい

3つ目に，保育は場当たり的に行うものではありません。だから，保育のねらいが必要です。ねらいとは，保育者が保育を通じて育みたい子どもたちの心情，意欲，態度です。保育のねらいがきちんと書いてあることで，ねらいを達成するために，他にどのような保育が可能であったか，子どもたちの育ちを踏まえたねらいになっていたかのように，保育を丁寧に振り返ることができます。みなさんが温泉旅行に行こうとする際も，目的がくつろいだ時間を過ごすことなのか，友達とわいわい楽しむことなのかによって，交通手段も宿泊先も変わるはずです。交通手段や宿泊先だけを取り上げて，よい，悪いを考えても意味がないのです。ローカル線で3時間もかけて移動しても，目的が友達とわいわいすることならあまり問題ではないでしょう。しかし，目的がくつろいだ時間を過ごすというのであれば，3時間も移動するとなると，疲れてしまうでしょう。

④写真や動画のキャプチャーの配置

4つ目に，ドキュメンテーションの素材を選び，並べます。写真だけではなく，子どもたちの言葉を記した観察記録や動画のキャプチャーなど，保育を可視化できる素材を選びます。写真を並べる際は，4枚程度で，保育の展開がわかるように並べ，写真だけではわからないことは補足説明をいれるようにします。4枚程度というのは，あまり多くの写真をいれてもドキュメンテーションを読む側は理解しにくくなるからです。みなさんが，Facebook や LINE に写真をアップする際は，撮影したものすべてというよりは，その中から何枚かを選んでいるでしょう。それは，たくさんアップしても読む側が困るだろうと考えているからではないでしょうか。

また，保育の展開がわかるようにというのは左から右に，時系列に出来事を並べるということです。山川可純先生のドキュメンテーションでも，実際の鯉を見にいく，こいのぼり製作をするというように保育が展開された順番に並んでいます。こうすることで，どのように保育が展開されたかがわかります。また，実際の保育は行ったり来たりすることもあるでしょうから，どこでそうなったのか，子どもたちは何にこだわっていたのかもわかります。山川先生のドキュメンテーションでも，こいのぼりの製作を始めてからしばらくして，子どもたちが実際の鯉をもう一度見たいと言った場合，写真を時系列に並べておくことで，どこで子どもたちがそのような判断したのか，どのような活動がきっかけになっていたのかがわかります。ここに，子どもたちのこだわりや疑問を見出すことができます。

写真を並べただけでは読む側にわからないことは，補足説明を入れるようにします。たとえば，いくつかの色を混ぜ合わせる遊びの中で，子どもたちは紫色を作りたいと考えていました。そこで，最初は赤と黄色，次は赤と緑を混ぜ合わせてみたけれど紫色にならず，ようやく赤と青を混ぜ合わせることで紫色を作ることができました。この過程を写真で掲載するだけでは，なぜこの色を組み合わせたのかはわかりません。しかし，保育者が子どもたちに質問したところ，信号機の３色が発想のもとにあることがわかりました。子どもたちは何となく色を選んでいたのではなく，信号機という明確な基準をもっていたのです。こうしたことを補足説明として書くことで，子どもたちは自分なりの考えをもって行動していることを伝えることができます。

⑤保育の振り返り

５つ目に，保育の振り返りには，ドキュメンテーションを作成する過程で気がついたことや子どもたちが活動を通じて学んでいたことを書きます。保育をしながら悩んだことや困ったことを書くこともあります。保育はやりっぱなしでは意味がありませんし，ドキュメンテーションも作って終わりでは意味がありません。保育の振り返りをして，よりよい保育につなげていくことが重要です。金生幼稚園のフォーマットでは，振り返りの項目を用意しておくことで，保育者が振り返りを行うきっかけにしています。振り返りへの記入は，保育者が省察を行った後でもよいし，同僚保育者とドキュメンテーションを共有し意見を交換した後でもよいでしょう。山川先生はこの日の子どもたちの活動を10の姿の視点から振り返っています。この活動を通じてどのような育ちがあったのか，この活動では得られなかった育ちはないかを振り返っています。

なぜ5つの項目を用意したか

このように，金生幼稚園のドキュメンテーションのフォーマットには5つの項目があります。これらは何となく用意したのではなく，指導計画やその他の書類との連携を考えてのことです。週案や日案には，保育のねらい，保育の内容（環境の構成，予想される子どもの活動など），保育の評価を記入しますが，ドキュメンテーションでも保育のねらい，写真や動画で可視化した実際の保育の様子，保育の振り返りを記入するというように対応しています。だから，ドキュメンテーションのねらいは指導計画のねらいからほぼ転記できますし，保育の評価もドキュメンテーションの振り返りで書いたことからいくつかの記述を抜き出して書くことができます。このように，指導計画と保育を実際に行った記録であるドキュメンテーションを関係づけしやすく，指導計画通りに進んだのか，どこに課題があったのかが考えやすくなっています。

また，ドキュメンテーションから「幼保連携型認定こども園園児指導要録」へつなげていきます。「幼保連携型認定こども園園児指導要録」の記入については，「最終年度の記入に当たっては，特に小学校等における児童の指導に生かされるよう，幼保連携型認定こども園教育・保育要領第1章総則に示された『幼児期の終わりまでに育ってほしい姿』を活用して園児に育まれている資質・能力を捉え，指導の過程と育ちつつある姿を分かりやすく記入するように留意すること」とあります（内閣府「幼保連携型認定こども園園児指導要録に記載する事項」）。ドキュメンテーションでは10の姿の視点から振り返りを記入しているため，ここからいくつかの記述を取り出すことで「幼保連携型認定こども園園児指導要録」を作成することができます。

最初にも述べたように，ドキュメンテーションは自由度の高い保育の記録です。だから，ドキュメンテーションに特定のフォーマットがあるわけではありません。金生幼稚園のフォーマットを参考にして，それぞれの園のフォーマットを自由に考えてみてください。また，こうしたフォーマットは考える枠組みとしては役立ちますが，同時に保育の多様さ，複雑さを簡略化してしまうこともあります。だから，フォーマットは常に見直していくようにします。保育を可視化し，振り返り，よいよい保育を展開するために，ドキュメンテーションのフォーマットはどのようにしたらよいかを考えてみてください。

子どもたちと一緒に行う編集

ドキュメンテーションの編集というと，保育者が一人で行うか，保育者同士で行うことを想像しがちです。もちろん，そのような場合は多いでしょうが，子どもたちと保育者が一緒になってドキュメンテーションを編集することもあります。

①子どもたちが編集から学ぶこと

子どもたちにとって，完成したドキュメンテーションを見ることは重要なことです。自分の学びの軌跡を見ることで，最後までやり切ったことに自信をもったり，友達のやり方から学んだりすることができるからです。しかし，ドキュメンテーションの編集に参加することはもっと重要です。どのような素材を選ぶのか，どうやって並べるかを考え，友達や保育者に提案することで，意見を表明したり何かを決めたりすること，他者の意見を聞くことや話し合いをすることを経験していきます。こうした経験を通じて，主体性，協同性，意思決定のやり方など社会で生きていくために必要なことを学ぶことができます。

山川先生のドキュメンテーションには，子どもたちが画用紙に水玉模様やハートなどこいのぼりの模様を描いている様子が掲載されています。このドキュメンテーションは山川先生が作成したものですが，子どもたちと一緒に編集したら，画用紙に描いている様子の写真ではなく，色鉛筆かクレヨンかクーピーペンシルかで悩んでいる写真を選ぶかもしれません。道具の前で悩んでいるこの写真は一番真ん中に置いてほしい，吹き出しをつけてほしいなどと言うかもしれません。ここに，子どもたちの気持ちやこだわりが表れています。自分の気持ちや考えを表現するのにどのような道具がよいかを考えている写真を選んだということは，子どもたちが道具にこだわっているという意思表示と捉えることができます。これを踏まえて，保育者は次に絵を描いたり，製作物を作ったりする際には多様な道具を用意します。いつもよりたくさんの種類の道具を見て，子どもたちは自分たちの意見が受け入れられたことを感じるはずです。

②子どもたちと一緒に編集することで保育者が学ぶこと

また，子どもたちがドキュメンテーションの編集に参加することは，保育者にとっても子どもたちに対する理解を深める機会になります。そのときの気持ちはどうだったか，どこがおもしろかったかなど，子どもたちの視点から質問し，子どもたちの回答や反応を通して子どもたちとの関わり方や援助のあり方を考えることができます。山川先生のドキュメンテーションでは，子どもたちが鯉を見ている写真が掲載されています。実際の鯉を見てどのように感じたかという質問をすると，なぜ鯉は水中で生きることができるのに，人間はできないのかと保育者に疑問を投げかけるかもしれません。あるいは，鯉の目がどのような形かわからないから，こいのぼりの目をどうやって作ってよいか悩んだというかもしれません。こうした子どもたちの言葉から，人間と魚の呼吸の仕方や体の違いについて調べ，考え合うという保育が見えてきます。

このように，ドキュメンテーションの編集に子どもたちが参加することは，子どもたちにとっても，保育者にとっても重要なことです。ここではドキュメンテーションの編集に子どもたちが参加することを説明しましたが，子どもたちにドキュメンテーションの素材を作ってもらうのもよいでしょう。子どもたちにスマートフォンやタブレットを渡して，撮影してもらうのです。撮影されたもの，場所，角度には，保育者が子どもたちを理解する手がかりがたくさんあります。子どもたちは，デジタルデバイスが自分たちの学び方をより生産的にするものであり，自分たちの気持ちや考えをより効果的に伝えることができるものであることをよく知っています。保育者や保護者がスマートフォンやタブレットを使っている様子をよく見ているからです。現代の子どもたちは，糸電話の使い方はわからないけれど，スマートフォンやタブレットの使い方は知っているのです。

スウェーデンの就学前教育では，子どもたちが民主主義の価値を学ぶことを重視しています。遊びや生活の中で，子どもたちは友達や保育者と話し合い，自分たちで決め，意思表示をすることが求められます。保育者は，子どもたちが民主的な方法で話し合い，解決し，決定できるような環境を用意します。こうした経験を通じて，子どもたちは民主主義の価値を理解していきます。日本では，スウェーデンと比べると，保育の中で民主主義の価値を学ぶという意識が十分ではないかもしれません。しかし，日本でも民主主義の価値を学ぶということは重要なことです。そのために，子どもたちがドキュメンテーションの編集に参加する機会を作るところから始めてみるとよいでしょう。

7　ドキュメンテーションを活用した省察

省察とは

よりよい保育を展開するためには，保育がうまくいったときも，うまくいかなかったときも，保育の過程を丁寧に振り返り，評価し，改善点を見つけることが欠かせません。とりあえずうまくいったからいいや，というようなやりっぱなしの保育では，保育がよくなることも保育者が成長することもありません。だから，保育者の省察が必要なのです。『保育所保育指針解説』にも，「保育所職員は，各々の職種における専門性を認識するとともに，保育における子どもや保護者等との関わりの中で，常に自己を省察し，次の保育に生かしていくことが重要である」とあります。

では，省察とはどのような行為でしょうか。保育の研究者である津守真は，省察について次のようにまとめています（津守真『保育の体験と思索—子どもの世界の探究』，大日本図書，1980年）。

> 実践は，一回限りの，不可逆なできごとであるが，反省によって，人はそのことを道徳基準に照らして評価するのではなく，まして，後悔し残念に思うのではなく，体験として，ほとんど無意識の中に捉えられている体感の認識に何度も立ち返り，そのことの意味を問うのである。（中略）その精神作業は，反省に考察を加えること，すなわち，省察である。
>
> 省察は，保育者の自由な精神作業である。自分に感じられたイメージにしたがって，それに形を与えていくとき，最初の知覚とは違った新たな側面を発見する。あるいは，自身の子どものころの記憶に類似の行為を発見すると，親しみの共感をもって子どもの内的世界に近づくこともある。他人の類似の体験を見出すと，より広い世界へと開放される。保育者の個性に応じて，その精神作業は多様であるが，それは保育者の楽しみのひとつである。

ここには，省察とは何かを理解するための手がかりが３つあります。

①省察は反省とは異なる行為

まず，省察は反省とは異なる行為だということです。多くの人が反省という言葉で思い浮かべるものに反省文や反省会があります。反省文や反省会は，自分が至らなかったことや過ちを後悔し，告白し，ときに他者から批判されるものです。すなわち，反省は過去をネガティブに（後ろ向きに）捉える行為なのです。

しかし，省察は反省するだけではなく，そこに考察を加えることが重要です。考察とは，目に見える結果や現象だけに捉われず，その背後にある仕組みや物事の関係性を考えたり，今後の展開の様々な可能性を考えたりすることです。具体的には，なぜ子どもたちはそうしたのか，その行為の背後にはどのような気持ちがあったのか，どうしたらもっとよい遊びの展開にできるか，他にどのような援助ができるかなどを考えることです。

②省察のやり方は保育者次第

次に，省察のやり方は保育者によって異なるということです。保育者によって，保育の経験も考え方も異なります。新人保育者だから省察が未熟で，施設長だから深い省察ができるというものではありません。新人保育者にも施設長にもそれぞれの考え方や感じ方があり，省察のやり方も異なります。また，ドキュメンテーションは発達検査のような細かい調査項目やチェックリストを用意して，子どもたちや保育の環境を数字で評価していくものではありません。写真や動画から，子どもは笑っていたのか，夢中になって遊んでいたのかなど，保育者それぞれのやり方で読み取っていくものです。そのため，自分なりの省察の方法を考えることが必要なのです。

③省察は楽しい行為

最後に，省察は保育者の楽しみの１つとされています。思い込み，前提，前例という過去の縛りを取り除き，なぜそうなったのか，次はどうしたらよいか，他には方法はないかのように，想像力を駆使して自由に考えを巡らせるからです。反省文を書くことが楽しいという人がいないように，過去を批判的に捉えるのみでは楽しくありません。省察は，保育者それぞれのやり方で，自由に，未来に向けて考えるから楽しいのです。省察は，ポジティブな（前向きな）未来志向の行為なのです。

省察の方法

先に説明したように，省察の方法は保育者によって異なります。しかし，新人保育者や保育の経験が少ないときには，省察は難しいこともあります。そこで，ここでは省察につながる５つの方法を紹介します（秋田喜代美『知をそだてる保育―遊びでそだつ子どものかしこさ―』，ひかりのくに，2000年）。これらを踏まえて，自分なりの省察の方法を考えてみてください。

①保育カンファレンスを活用する

まず，同僚保育者との保育カンファレンスを活用することです。観察の際にあらかじめ視点を決めている場合や保育者一人で省察をする場合は，視野が狭くなることがあります。そこで，同僚保育者との立ち話や保育中の何気ない会話，保育後の保育カンファレンス，あるいは園内外の研修会を通じて，同僚保育者や他園の保育者，様々な分野の専門家と意見交換をするようにします。こうした交流を通じて，自分一人では気づかなかったことや新しい視点を得ることができ，保育に対する理解を深めることができます。

②個別的で具体的な場面を取り上げる

２つ目に，ドキュメンテーションから子どもたちの具体的な姿や行動，保育の場面を取り上げることです。よりよい遊びとは，保育者の援助のあるべき姿というような広範囲で抽象的なテーマを取り上げるのではなく，今日の製作活動でＡくんがぶんぶんごまを作る様子について振り返る，なぜＢくんは同じ色の積み木ばかりに着目するのかというような個別的で具体的な子どもたちの姿や行動，場面を取り上げるようにします。

③時間軸や視野を広げる

3つ目に，一日や一週間の活動全体，入園から現在までの子どもの育ちのような中長期的な時間軸や，園内外の環境や保育の制度などの幅広い視野で保育を捉えることです。子どもたちの個別的で具体的な様子からわかることもありますが，それだけでは見えないこともあります。保育はすぐに効果がでてくるものではありません。短い時間で見ると子どもたちに変化がないように見えても，長い時間でも見ると少しずつではあっても確かに変化していることもあります。だから，時間軸や視野を広げて保育を振り返るのです。

④言語化できない感情や感覚に敏感になる

4つ目に，言葉にはできない感情や感覚に敏感になることです。うまく言葉にできないけれど，何となくもやもやする，もどかしい，違和感があるということから喜び，誇らしい気持ちまで，保育中に子どもたちと関わったときに生じた感情や感覚に対する自分の心や体の反応を感じ取るのです。また，ビックリした，ドキッとしたというような驚きの感情も大事です。ドナルド・ショーン（Donald Alan Schön）によると，驚きという感情は保育者が暗黙のうちにもつ前提や枠組みに気がつき，乗り越えるきっかけになります。理屈や論理だけではなく，子どもたちとの関わりの中で生じる感情や感覚を起点として，保育を振り返ることが深い省察につながるのです。

⑤様々な水準で保育を振り返る

最後に，様々な水準で保育を振り返ることです。様々な水準で振り返るとは，指導計画通りに保育を展開できたかどうかというような正解か不正解かを確認することではなく，保育のねらいは子どもたちの興味や関心，発達段階に即したものであったか，用意した素材や道具は十分であったかのように，保育を様々な角度から問い直していくことです。ここでは，省察に使える３つの水準を紹介しましょう（Max van Manen., Reflectivity and the pedagogical moment: the normativity of pedagogical thinking and acting., Journal of Curriculum Studies, Vol.23, No.6, 1991.）。

１．技術的省察

まず，技術的省察です。これは，保育のねらいやテーマ，課題に対する手段や方法に焦点を当てて，妥当であったかどうか，有効なものであったかどうかを振り返る省察です。たとえば，保育者が子どもたちに自分の気持ちを表現してほしいというねらいを立て，色鉛筆やクレヨンを用意した際，色鉛筆やクレヨンの種類は十分であったか，自分の気持ちを繊細に表現するなら絵の具の方がよかったのではないかと振り返ることです。

２．実践的省察

次に，実践的省察です。これは，保育のねらいやテーマ，課題それ自体に焦点を当て，そもそもねらいは妥当であったのか，課題の設定は適切であったかを考える省察です。たとえば，保育者が子どもに自分の気持ちを表現してほしいというねらいを立てた際，そもそもこのねらいで何を達成したかったのか，何を学んでほしかったのか，このねらいはいまの子どもたちの興味や関心，発達段階に適したものだったのかと振り返ることです。

３．批判的省察

最後に，批判的省察です。これは，保育の方法やねらいに対して「なぜ」を投げかける省察です。なぜ絵を描く遊びの中で色鉛筆やクレヨンを用意したのか，なぜ子どもたちが自分の気持ちを表現できる保育を設定したのかというように，どのような思考プロセスを経てそのような保育に至ったのかを振り返ることです。

これらの３つの水準は，いずれも重要ですが，特に実践的省察と批判的省察は特に重要です。なぜなら，技術的省察は方法や手段が妥当であったか，有効であったかを考えますが，ねらいや課題設定にまで考えが及んでいないからです。方法や手段がどれほど素晴らしいものであっても，そもそもねらいや解決すべき課題の設定が間違っていたら意味がないのです。また，保育がうまくできたときほど省察に結びつかないことが多いです。なぜなら，保育がうまくいかなかった場合と比べて，省察の必要性を感じにくいからです。しかし，このようなときほど，なぜこの方法がうまくいったのか，ねらいは妥当なものであったかのように，３つの水準から省察することで，よりよい保育を展開するコツや教訓を引き出すことができるのです。

金生幼稚園の保育の振り返り方法

金生幼稚園では，３法令の「幼児期の終わりまでに育ってほしい姿」を使っています。

(保育の振り返り)
9月の壁面製作でとんぼを作りました。活動の導入としてとんぼの生態について知ってもらいたいと思い、子ども達と一緒に絵本や図鑑でとんぼについて調べました。(自然との関わり・生命尊重)羽の色や目の大きさ、形の違いを見つけると友達と一緒にやり取りしながら話し合っていました。(言葉による伝え合い)絵に描いてみると様々な色を使って表現していて、独創的なとんぼや友達と一緒に描いたとんぼなど個性あふれる溢れる絵がたくさんありました。(豊かな感性と表現)壁面作りでは目と羽になる部分の製作で絵の具を使いました。好きな色を2色選び、単色でぬったり混ぜて塗ったりと色の変化を楽しみました。色が変わっていく様子に「なんで！？」「紫になった！一緒やな！」と驚いた表情で友達の絵と見比べながら、何度も色を混ぜたり塗ったりして色の組み合わせによって新しい色が出来る事を楽しんでいました。(思考力の芽生え)

鷹田莉奈先生のドキュメンテーションの振り返りには，10の姿の中から「自然との関わり・生命尊重」,「言葉による伝え合い」,「豊かな感性と表現」,「思考力の芽生え」の４つが書かれています。ドキュメンテーションを通じて自分の保育を振り返りながら，この日の保育では４つの姿を育むことができたことを確認しています。

同時に，この後の保育の展開をどのようにしたら他の姿も育めるかを考えています。子どもたちがとんぼに興味をもっていることから，とんぼの羽根の構造を調べたり，羽根の数を他の昆虫と比べたり，なぜ枚数が違うのかを考え合うのはどうだろうか。あるいは，子どもたちは色にも興味をもっていることから，身の回りにある植物や野菜を使って色を作ったり混ぜたりするのはどうだろうか。こうした保育を展開すると，10の姿それぞれの育ちはどうなるか，何が伸びて何が抜けてしまうかを，ドキュメンテーションを見ながら省察しているのです。

省察は，こうしなければならないということはありません。ここで紹介した５つを参考にしつつ，保育者それぞれが自分らしい省察の方法を考え，改善し，洗練していくことが重要です。

省察はいつ行うのか

省察は，保育が終わった後に行ったり，保育の最中やドキュメンテーションを作りながら行ったりします。だから，保育者は常に省察し続けるのです。

①「行為についての省察」

保育が終わった後，一日の保育を振り返ります。これを「行為についての省察（reflection on action）」と言います（ドナルド・ショーン著，佐藤学・秋田喜代美訳『専門家の知恵　反省的実践家は行為しながら考える』，ゆみる出版，2001年）。子どもが退屈そうにしていたのは導入に問題があったからではないか，素材が足りなくなるという予想外の事態に対して他にどのような対応方法があっただろうか，製作が苦手なＡくんのサポートばかりしていたけれど，得意な子どもたちに対して充実した遊びになっていたのだろうかというように，その日の保育を一つひとつ丁寧に振り返っていきます。保育中のドタバタや喧騒から離れて保育を省察することで，保育中は気がつかなったことに気がつきます。保育が終わった後，掃除をしているときやドキュメンテーションを作っているときにも，子どもたちの言葉がふと浮かぶこともあります。なぜいまこの言葉が頭に浮かぶのか，子どもたちは何を伝えようとしていたのかを考えることで，子どもたちに対する理解を深めることができます。

②「行為の中の省察」

一方で，保育の最中にも省察を行います。これを「行為の中の省察（reflection in action）」と言います。保育をしながら，指導計画で決めた通りに保育を展開しなくてはいけない，子どもたちはこう思っているに違いないというように決めつけるのではなく，目の前の子どもたちの表情やしぐさ，置かれている状況や環境を見直し，視点や発想を柔軟に変えてその場に適した保育を展開していきます。

保育者にとって「行為の中の省察」は特に重要です。なぜなら，指導計画を作成する際，子どもの姿を予想したり環境を構成したりしますが，それでも保育では予想していないこと，不安定や不確かでも進めなければならないこと，その場で判断しなければならないことが起こるからです。だから，保育者は保育をしながら省察し，いま何をすべきなのか，どのようにすれば適切な対応ができるかを考えるのです。「行為の中の省察」によって，子どもたちにとってよりよい保育となり，保育者にとっても専門家としての成長につながるのです。このように，保育者にとっての省察は，保育の後にも最中にも必要です。保育者であるということは，常に省察し続けるということなのです。

「やぶれた絵本」

保育者にとって省察は重要な行為です。しかし，あまり難しく考える必要はありません。保育の知識や技術，経験が積み重なるほど，深い省察ができるようになります。そのためには，毎日の保育で小さな省察を繰り返していくことが重要です。

ここでは，金生幼稚園の池下桃代先生の「やぶれた絵本」という文章を紹介します（金生幼稚園絵本サークル『輪』第32号）。池下先生がBちゃんと関わる中で，省察を行っていることがわかります。よい保育を展開するための秘策や魔法はありません。こうした省察を積み重ねていくことが重要です。

やぶれた絵本

ばら組の保育室には，好きな時間に好きな絵本を取り出し易い絵本棚があります。その絵本の中には，しかけ絵本やオノマトペを楽しむ絵本など様々な絵本が並べられています。子どもたちの絵本を読むスタイルもそれぞれで，例えば，Aちゃんはまだヨチヨチ歩きでしたが，好きな絵本を先生に読んでもらいたい一心から，絵本の棚に左手でつかまり立ちをし，右手で絵本を選んで，次は，自分の力で先生の膝に辿り着こうと左手を器用に前進しながら右手に絵本を抱えて無事，先生と一緒に絵本を楽しんでいました。このように，大好きな絵本は先生と一緒に読んだり，一人でじっくり読んだり，友達と見合いっこしながら読んだり楽しみ方がたくさんあります。その中でも，Ｂちゃんが気に入った絵本をじっくりと読んでいる際の出来事について紹介したいと思います。

Ｂちゃんは自由遊びになると，毎日選ぶ絵本は気分によって違いますが，お気に入りの絵本を見つけて先生の膝の上で読んでもらったり，自分でめくって読んだりする程，絵本が大好きです。そんなある日，自分でしかけ絵本をめくろうとすると，上手にページが開かず，このページが動くと絵が変わることを，Ｂちゃんは知っていたので，先生が見せてくれたしかけの絵と，自分でめくったしかけの絵が少し違うことに気づきました。すると，絵本と絵本のわずかな隙間が見えたようで，そこに爪を立てて頑張ってめくりました。ですが，力いっぱいに引っ張り過ぎて，「ビリビリ～」としかけをやぶってしまいました。その後のＢちゃんはやぶれた所をもっとやぶるのかな？　と思ったのですが，私の考えは見当違いで，次のページのしかけをめくって，また開こうとする姿が見られました。Ｂちゃんの様々な思いのこもった過程を見ると，絵本は結果的にビリビリにやぶれていますが，それは可視化できる，唯一の成長の証だなと思って可愛らしくも感じられました。

ですが，園の絵本はみんながＢちゃんと同じしかけで読むことができるように，やぶれたページは，その後テープで元通りに修復しました。認定こども園金生幼稚園では毎週２回好きな 絵本の貸し出しがあると思います。もし次にやぶれた絵本のページを見つけたら，それは誰かがお気に入り過ぎて何度もめくったページかもしれないし，興味深い大事なページだったのかもしれません。そんな絵本を返却した友達の気持ちも受け取って楽しんで頂けると，Ｂちゃんを通じてまた違った楽しみ方ができると思いました。

8　ドキュメンテーションを共有する

同僚保育者との共有

ドキュメンテーションを共有するとは，同僚保育者，子どもたち，保護者と一緒にドキュメンテーションを読み合い，話し合い，意見を交換し合うことです。ドキュメンテーションは作って終わりではなく，ドキュメンテーションを活用した保育者の省察や他者との共有に意味や価値があります。

保育者は，ドキュメンテーションの共有によって成長します。ドキュメンテーションを共有することによって，保育を様々な角度から見ることができ，たくさんの気づきを得ることができるからです。円錐は上から見たら円形に見えますが，横から見たら三角形に見えます。同じように，ドキュメンテーションも保育者の視点から見るのと，子どもたちの視点から見るのと，保護者の視点から見るのでは，同じドキュメンテーションでも読み取ることが異なるのです。こうした多様な読み取りが，保育者自身の子どもたちや保育に対する知識や考えを深めたり広げたりすることになるのです。ドキュメンテーションを共有することは，保育者の成長には欠かせないのです。

では，同僚保育者，子どもたち，保護者それぞれとの共有の目的と方法について説明しましょう。まず，同僚保育者との共有です。ドキュメンテーションを同僚保育者と共有する目的は３つあります。

①保育観を理解する

まず，子どもたちや保育に対する考え方，保育の方法などの同僚保育者の保育観を理解するためです。ドキュメンテーションをもとにして話し合いをすると，私はこう思う，私ならこうするという意見がたくさんでてきます。こうした意見に同僚保育者の保育観が表れます。同じ職場で一緒に働く同僚の考え方ややり方を知ることは，保育を連携したり協働したりする上で重要なことであるのみならず，保育者自身の学びにもなり保育の専門家としての成長につながります。

②感情的な絆や一体感を作る

次に，同僚保育者との感情的な絆や保育チームとしての一体感を作るためです。保育の専門的な知識や技術をもった保育者が集まればよい保育チームができるわけではありません。気持ちもつながっていることが重要です。ドキュメンテーションに映し出された子どもたちの様子を見て，かわいい！　Ａくんらしいよね！　というように，自分の感情や気持ちが揺れ動いたことを伝え合い，お互いに共感し合うことで，保育者同士の感情や気持ちがつながっていきます。

③組織的で体系的な保育の展開をする

最後に，園全体で組織的，体系的な保育を展開するためです。保育は，園全体で子どもたちの育ちが連続するように組み立てる必要があります。『保育所保育指針解説』にも「子どもの発達や生活の連続性に配慮し，在籍期間を通じた育ちの見通しをもって，日々の生活における子どもの実態を捉える視点をもつことが重要である」とあります。そのために，同僚保育者のドキュメンテーションから，自分と同僚保育者の保育の位置づけや関係を考えたり，全体的な計画や各学年の年間指導計画と見比べたりします。また，園全体の保育の方針や課題，保育者全員が同じ方向を目指して保育を行えているかを確認します。こうすることで，園全体の保育が一貫し，その園ならではの保育が育ってきます。

同僚保育者との保育カンファレンス

同僚保育者とのドキュメンテーションの共有は，主に保育カンファレンスで行われます。では，保育カンファレンスはどのように行えばよいのでしょうか。どうすればよりよい共有になるのでしょうか。次に挙げた９つの視点は，保育者の成長を促す話し合いにするための視点です。これらを参考に，保育カンファレンスを行うとよいでしょう（秋田喜代美『続　保育のみらい』ひかりのくに，2015年）。

①話し合う目的や項目が決まっている

まず，話し合いの目的や話し合う項目が決まっていて，参加者が積極的に意見を言える流れになっているかです。ドキュメンテーションを共有する際は，今日はどのドキュメンテーションを取り上げ，何について話し合うか決めておきます。一つのドキュメンテーションにつき何分話し合うのか，話し合いの結果はどうやって残していくかも決めておきます。あらかじめ丁寧な段取りをしておくことで，話し合いの流れが円滑になります。

②共感的な発言になっている

２つ目に，お互いに共感的な発言であり，参加者全員で考えられるような話し合いになっているかです。発言をしても，「でもね」，「そうはいっても」，「それは違うんじゃないの」というような否定的で批判的な反応が続くと，気持ちも後ろ向きになり発言する意欲がなくなります。「なるほど」，「それはおもしろい」というように発言のよさを見つけて，共感するようにします。発言を共感し合うことは，保育者の一体感にもつながります。

③様々な視点や発言がでている

３つ目に，話し合いの中で多様な視点や発言がでているかです。ドキュメンテーションを共有する目的の一つは，多様な視点や意見を得ることです。同じような意見ばかりでは学びになりません。園長や施設長が発言すると他の保育者が黙ってしまうというのでは，充実した話し合いにも共有にもなりません。あえて違う意見だけを言うように促したり，園長や施設長は最後まで話さないようにしたりするなどの工夫をして，保育カンファレンスの中に多様な視点や意見がでてくるようにしましょう。

④発言しやすい雰囲気になっている

4つ目に，誰でも発言しやすい雰囲気や学び合う関係になっているかです。保育の研修は，長時間，何回も行えば効果があるわけではなく，お互いに学び合う関係や雰囲気ができているときに効果があります。そのためには，ドキュメンテーションから，その保育者ならではのよさ，工夫，ちょっとした配慮を取り上げるようにします。新人の保育者でも，ベテランの保育者にはできない工夫や視点がたくさんあります。これらを取り上げながら，保育者同士で学び合える関係や雰囲気を作るようにします。

⑤本音で話している

5つ目に，本音で率直に話せているか，自分の考えを整理して話せているかです。4つ目の視点と重複しますが，保育者が本当の気持ちや考えを話せる雰囲気を作ることが重要です。発言したい気持ちはあるけれど，うまくまとめられないというときもあるでしょう。そうしたときも，その保育者が考えをまとめて，話し出すまで待つことが重要です。保育カンファレンスには終わりの時間がありますが，駆け足で進めても意味がありません。保育カンファレンスはこなすことが目的ではないのです。参加者がじっくり考える，まとめる，話す時間が重要なのです。

⑥根拠や理由が提示されている

6つ目に，話し合っている内容の根拠が具体的に提示されているか。話し合っている内容を通して子どもたちに対する理解が深まるかです。保育者の省察でも説明したように，「なぜだろう」，「どうしてだろう」という問いが重要です。なぜ自分はそう思うのか，どうしてそのような援助をしたのかという根拠や理由もあわせて発言するようにします。また，話し合ったことを通じて子どもたちへの理解を深めるためには，3法令や保育の教科書の説明と結びつけるのもよいでしょう。いま話し合っている子どもの様子はどのような発達段階の表れだろうか，今日の援助は『幼稚園教育要領』のどのような原理と結びついているだろうかと考えます。こうして，個別的で具体的な事例を一般化し，実践的な知識として身につけるのです。

⑦自分の保育を振り返ることができている

7つ目に，自分や自園を振り返ることができているかです。同僚保育者とドキュメンテーションを共有する際は，漠然と話を聞いていたり安易に受け入れたりするのではなく，自分の保育を振り返るようにします。自分ならこうする，自分の保育ではどうだったか，どのような条件でその保育は成立したのか，園全体の保育ではできていたかというように，自分や自園を振り返りながら思考実験するのです。同僚の保育を自分事として捉えることで，自分では気がつかなった視点や方法も見えてきますし，自分の保育の改善点も浮かび上がってきます。

⑧次の保育の展開を考え合っている

8つ目に，次の保育に生かすことができる具体的な議論になっているかです。ドキュメンテーションを作ることも共有することも目的ではありません。また，保育カンファレンスをこなすことも目的ではありません。これらは，よりよい保育を展開するための手段です。だから，話し合いの中では，次の保育は何を，どうやって展開するか，その結果として子どもたちの育ちにどうつながるか，どうよくなるかを具体的に考え合います。ドキュメンテーションによって子どもたちの過去，現在，未来をしっかりとつなぐことが重要です。

⑨意欲的に学ぶ姿勢が見られる

最後に，話し合いや発言の中に，意欲的に学ぶ姿勢が見られるかどうかです。現代社会には，複雑な事情や多様な背景を抱える子どもたちや家庭が多くなっています。また，国内外の保育に関する研究は日々発展し，保育に関する制度も常に変化しています。こうした課題や変化に対応するために，保育者は専門性を向上し続けなくてはなりません。園長や施設長から勉強しなさい，研修会に参加しなさいと言われたからやるのではなく，なぜ，何のために学ぶのか，いま何を学ぶべきかを考え，意欲的に学ぶようにしましょう。保育者には，学び続ける意欲や姿勢が欠かせないのです。

以上の９つは重複したり関係しあっていたりするものもありますが，ドキュメンテーションを共有する保育カンファレンスを行う際の参考になるはずです。また，ここでは保育カンファレンスについて説明しましたが，同僚保育者との共有は，保育中の立ち話や後片付けをしながらの短時間でもよいでしょう。立ち話や着替えをしている最中の何気ない会話から保育者同士が学ぶことも多くあります。保育カンファレンスは長時間，何回も行うことができるものではありません。また，保育カンファレンスのような厳かな雰囲気ではないからこそ言い合えることがあります。だから，ドキュメンテーションを共有する際は，こうした短時間の話し合いも大事にしてください。

金生幼稚園の保育カンファレンス

最後に，金生幼稚園の保育カンファレンスの様子を紹介しましょう。金生幼稚園ではドキュメンテーションを共有する際，反省会や品評会のようにならないで，未来へ向けた話し合いになるように工夫しています。たとえば，ドキュメンテーションを読みながら「もし私ならどうする？」を考えるようにしています。この手がかりとして，ドキュメンテーションの中から保育の場面を取り出して，自分がその場面にいた保育者だったら「見守り」，「足場かけ」，「省察促し」，「誘導」，「教導」の中からどの対応を選ぶか，なぜそれを選ぶのかを話し合うようにしています（内田伸子他「乳幼児の論理的思考の発達に関する研究―自発的活動としての遊びを通して論理的思考力が育まれる―」）。何となく思いついたことを話すより，こうした手がかりを活用する方が話し合いは円滑になり，発展しやすいからです。

まず，「見守り」とは，保育者がすぐに手を出さず，子どもたちが直面している問題や葛藤の原因を見極め，いつでも足場かけができるように見守ることです。
「足場かけ」とは，子どもたちの意志や気持ちを確認して，状況を整理して解決への見通しがもてるようにすることです。
「省察促し」とは，子どもたちに「どうしてそうなるのかな」，「どうしたらいいのかな」，「どうなっているんだろうね」などと質問して，自分自身で，または友達同士で考えるよう仕向けることです。
「誘導」とは，問題解決を促すヒントを出したり，子どもたちが状況を自覚できるような言葉かけをしたりすることです。
「教導」とは，問題に対する答えを教えたり，解説や説明をしたりすることです。「見守り」から「教導」に進むにつれて，子どもの自主性から保育者の指導性を優先するようになります。
このように，「私なら『見守る』を選ぶ。なぜなら，こう考えるから」と話し合いをしていきます。保育者によって選ぶ対応は異なります。また，同じ対応を選択しても，その理由が異なることも多くあります。同じドキュメンテーションを読んでも，子どもたちが何を，どのように経験し学んでいるか，保育者はどのように援助したらよいかの読み取りは異なるのです。よりよい保育を展開するための魔法の杖はありません。こうした地道な話し合いを一つずつ積み重ねることが重要なのです。
先に，山川可純先生の「自然と触れ合うことを楽しむ」というドキュメンテーションを紹介しました（p.36）。鯉の見学はこいのぼりの製作の導入として行ったものでしたが，子どもたちは鯉や魚，水中での呼吸や移動に興味や関心をもったようです。このような背景とともにドキュメンテーションを共有すると，同僚保育者から様々な意見がでてきました。私ならこうする，私のクラスの活動と結びつけようなど，次の保育の展開を考え合ったのです。その結果，山川先生は次のドキュメンテーションのような保育を展開しました。みなさんなら，どのような保育を展開したでしょうか。このドキュメンテーションを読んで，もっと工夫できるところ，学びになったところはどこでしょうか。

水の中の生き物に触れ表現遊びを楽しむ

・ねらい

イメージを膨らませ表現することの楽しさを味わう

対象：年中児さくら組　作成者：山川可純
作成日平成30年6月25日

・保育の振り返り

海や川の生き物の図鑑や絵本を見て「サメおっきいんで」」「緑のカニがおったよ」また鯉の絵を見て「幼稚園におったな」などと水の中の生き物はどんなものがいるのか楽しく知ることが出来ました。（自然との関わり）
実際に水の中の空間をイメージしたルンビニで海や川の生き物になり、スズランテープを触ったり
「おさかなのおうちつくったよ」と大型積み木を積み重ねてみたりと一人一人が持つ水の中のイメージを楽しく表現する姿が見られました。（豊かな感性と表現）
身近な環境に関わる事で自然に触れ面白さや不思議さなどを発見をすることができます。

子どもたちとの共有

ドキュメンテーションは子どもたちとも共有します。子どもたちと共有する目的は２つあります。

①自分の成長を確認する

まず，学びの軌跡を振り返ることで，自分の成長を確認するためです。ドキュメンテーションを読むことで，最後までやり切ったことや困難を乗り越えるために工夫したこと，楽しかったことや難しかったことを思い返します。これが自信や自己肯定感のような非認知能力を伸ばしたり，知識の獲得の仕方や学び方を洗練したりすることにつながります。みなさんも何かを学習する際，一度やって終わりにしていたのでは身につかないことを知っているはずです。子どもたちも同じです。ドキュメンテーションを通じて自分が真剣に取り組んだことを振り返ることで，身につけていくのです。

②他者から学ぶ

また，友達のやり方や作品を見ることで，他者から学ぶことの大切さ，新しい視点や学び方を身につけるためです。自分が遊びに夢中になっていると友達の様子を見ていないことも多いものです。ましてや，クラスが異なるとなおのことです。ドキュメンテーションを掲示することで，自分から友達に質問したり，話を聞いたり，意見を交換したりするようになります。クラスの中の誰が，何を得意としているか，どんなやり方をするかも学びます。こうした情報をもとに，一緒に遊ぶ友達を選ぶようになったり，新しい友達を作ったりすることもあるでしょう。保育者が子どもたちをグループに分けなくても，子どもたちは目的を達成するために必要なメンバーを自分たちで考えるようになります。

昨今の幼稚園や保育所では，外国籍の子どもたちも増えています。写真や動画が素材であるドキュメンテーションがあれば，言葉が通じなくても，お互いのことを理解しやすくなります。異文化理解の一環として，食事の前の挨拶を英語にしたり外国人講師による英会話をしたりする園も増えています。しかし，こうした活動は，異なる文化をもつ他者からもっと話を聞いてみたい，一緒に遊んでみたいという気持ちがあってこそ意味をなします。ドキュメンテーションを通じて，異なる文化をもつ友達が感じたこと，見たこと，考えたことを読み取り，もっと理解したいという気持ちになることが重要なのです。

意図的なドキュメンテーションの掲示

では，どのように子どもたちと共有すればよいのでしょうか。一つは，先に説明したように子どもたちと一緒にドキュメンテーションの編集をすることです。もう一つは，園内にドキュメンテーションを掲示することです。金生幼稚園でドキュメンテーションを掲示している様子から，掲示の際に配慮すべきことを説明しましょう。

ドキュメンテーションは，何となく掲示するのではなく，ドキュメンテーションから子どもたちが学べるように保育者が意図的に掲示します。ここでは3つの配慮を説明します。

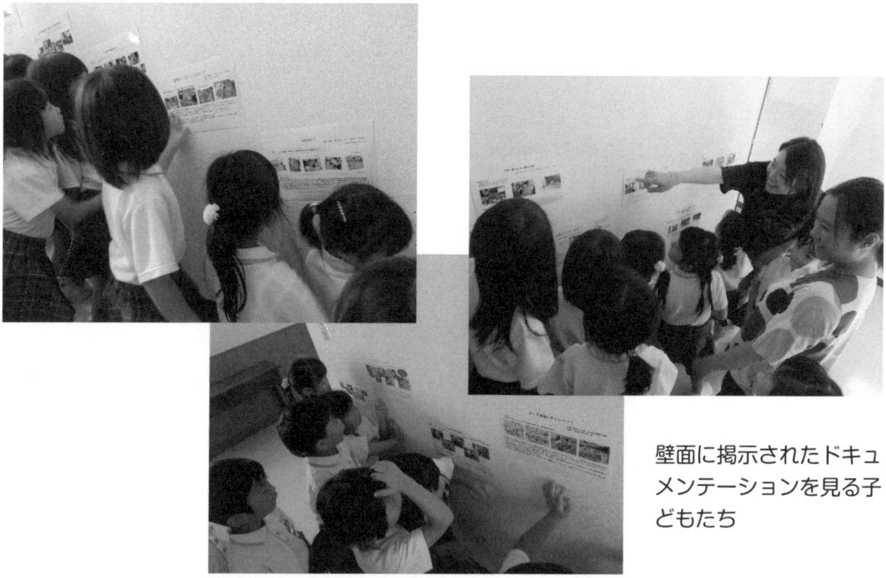

壁面に掲示されたドキュメンテーションを見る子どもたち

①子どもたちの目線や動線を踏まえる

まず，子どもたちの目線や動線を踏まえ，子どもたちが見やすい高さや場所に掲示することが重要です。ある保育所では，ドキュメンテーションをラミネート加工して，園の入り口付近にある花壇に掲示していました。ドキュメンテーションの内容は，花壇にある花を使って押し花や色水を作る活動でした。子どもたちは花壇とそばにあるドキュメンテーションを見るたびに，自分たちが体験したこと，体験したやり方を思い返し，次はこうしたいと話しているそうです。

②掲示する方法や場所は柔軟に変える

次に，ドキュメンテーションを掲示する場所や方法は何度でも変更しましょう。掲示されている場所や方法が異なれば，そこからの学びも変わってくるからです。ドキュメンテーションが園の入り口に掲示されていて，保護者も見ることができるのなら，保育者，子どもたち，保護者の間で会話が生まれるでしょう。いつも使うおもちゃのそばに掲示されているのなら，友達と見ながら，前回とは違うやり方で遊んでみよう，前回の遊びの続きをしようと考えるきっかけになるかもしれません。このように，ドキュメンテーションは一度掲示したら終わりではなく，どのドキュメンテーションを，どこに掲示すると子どもたちの興味や関心を引き出し，広げることができるかを考えるようにします。

③心地よい空間になるようにする

最後に，ドキュメンテーションを掲示した教室や保育室が，子どもたちにとって心地よい空間になるようにします。ここまで，子どもたちの学びを促すためにはどのように掲示したらよいかを中心に説明してきました。しかし，教室や保育室は子どもたちにとって心地よい空間でなければなりません。『保育所保育指針解説』にも「保育所では，いつでも安心して休息できる雰囲気やスペースを確保し，静かで心地よい環境の下で，子どもが心身の疲れを癒すことができるようにする」とあります。ドキュメンテーションも保育の環境の一部なのです。子どもたちが安心して学ぶためにも，ドキュメンテーションを掲示することで，教室や保育室が心地よい空間になることが重要です。

このように，よい掲示をすれば，子どもたちの反応もよいはずです。ある保育者は，保育者は子どもたちから本音を聞くことは難しいと言います。子どもたちの語彙力や説明力の問題や本音を言うことが恥ずかしいという気持ちもあるでしょう。だからこそ，子どもたちが自然と本音を言えるような環境が重要なのだと言います。ドキュメンテーションの掲示はそうした環境の一つです。ドキュメンテーションに写る自分たちの姿を見て，喜び合い，考え合い，会話が始まる。このときの言葉から，子どもたちのもっている知識や学び方はもちろん，本当の気持ちや思いがわかるのです。ドキュメンテーションの巧みな掲示が必要なのは，そのためなのです。

保護者との共有

ドキュメンテーションを保護者と共有する目的は３つあります。

①保育の方針や方法を理解する

まず，園内での子どもの様子や保育者の保育の方針ややり方を確認したり，保護者自身が学んだりするためです。保護者は，自分が見ることができない園内での子どもたちの様子に関心と不安をもっています。だから，ドキュメンテーションを通じて園内での子どもたちの具体的な様子を確認することで，保育者や園全体に対して安心感や信頼感をもちます。こうした保護者の気持ちに寄り添うためにドキュメンテーションを配信したり，掲示したりします。また，保育者の保育から子育てのヒントを得ることもできます。ドキュメンテーションを見ることで，このような遊びや言葉かけがある，このようにすれば子どもの気持ちが落ち着くということを学びます。ドキュメンテーションの共有は，保護者の自覚や子育てする力を育むためのものでもあるのです。

②園の保育と家庭の子育てをつなぐ

次に，園と家庭の遊びや生活をつなぐためです。園と家庭の連携については，『幼保連携型認定こども園教育・保育要領解説』にも「日々の教育及び保育の連続性とともに，園生活で経験したことが家庭や地域の生活でも実現したり，逆に，家庭や地域の生活で経験したことが園生活でも実現したりできるなど，園児の生活全体として連続性をもって展開されるようにすることが大切である」と記されています。ドキュメンテーションから園内での子どもたちの活動を知り，家庭でもやってみたり，発展させてみたりします。ドキュメンテーションを保護者と共有して，園と家庭をつなぐのです。

③子どもたちの成長を喜び合う

最後に，子どもの成長を喜び合うためです。『保育所保育指針解説』には，「保護者に対する子育て支援に当たっては，保育士等が保護者と連携して子どもの育ちを支える視点をもって，子どもの育ちの姿とその意味を保護者に丁寧に伝え，子どもの育ちを保護者と共に喜び合うことを重視する」とあります。ドキュメンテーションを通じて，家庭ではできなかったことができるようになったことや，家庭では見せない表情やしぐさを伝えていくことで，保護者が子どもの成長を感じることができます。ドキュメンテーションを通じて，保育者は保護者の工夫や努力を認め，子育ての喜びを感じることができるようにします。

保護者との共有が子どもたちへの理解を深める

ドキュメンテーションを保護者と共有することの重要さを伝えるエピソードがあります。ある保育所で，１歳７か月の女の子が積み木を縦に並べている様子のドキュメンテーションが掲示されていました。10月初旬のある月曜日の午前中の遊びの中で，女の子はいつも積み木を積んでいくのですが，この日は積まないで縦に並べて遊んでいたのです。さらに，積み木を２つ合わせて，かちかちと叩いていたそうです。保育者が女の子に尋ねると，さかな，さかなと言うので，きっと魚屋さんごっこをしているのだろうと思いながらも，なぜ縦に並べているのか，なぜかちかち叩いているのかが気になり写真で撮影し，ドキュメンテーションとして掲示したのです。

迎えにきた女の子の母親はドキュメンテーションを見て，とても驚いた様子で，そのドキュメンテーションをしばらくの間じっと見つめていたそうです。母親の説明から，この遊びが何を意味していたのかわかりました。女の子は，トングでサンマを焼いていたのです。母親が保育者に見せた３枚の写真があります。

トングでサンマを焼く遊び。チェーンリングもサンマに見立てて…

この遊びをする前の日曜日の夜，夕食の際に父親がフライパンの中にサンマを縦に並べて焼いたそうです。トングでひっくり返すこともしました。女の子はこれを見て，夕食後の遊びでサンマを焼く遊びをしていたそうです。左の写真は，父親の真似をしてフライパンでサンマを焼いているものです。真ん中の写真は，チェーンリングをサンマに見立ててまっすぐ並べています。父親がフライパンでサンマを縦に並べていたからでしょう。右の写真はトングを使って魚をひっくり返しています。月曜日，この女の子が楽しんでいた遊びは父親の真似をしてサンマを焼く遊びだったのです。園内にトングがなかったので，積み木を２つ重ねてトングと見立てていたのでしょう。

こうした事情がわかれば，家庭での遊びを園でも展開したり発展したりできます。たとえば，調理室を一緒に見に行ったり，料理をしている場面がでてくる絵本を読んだりすることもできます。図鑑の中からサンマを探してみるのもよいでしょう。サンマ以外の秋の食材を調べたり，触ったり，探しに行ったりすることもできます。いつもの散歩のコースに魚屋さんがあるのなら立ち寄ってもよいでしょう。ままごとコーナーにトング，菜箸，魚を焼く網，アルミホイルを用意してもよいでしょう。様々な道具を用意することは遊びが複雑化，緻密化していくきっかけになります。他の子どもたちも，この女の子の遊びからサンマの焼き方やトングの使い方を学ぶことができます。

このエピソードから，ドキュメンテーションを保護者と共有することの重要さがわかります。まず，母親の子育てに対する学びです。母親はいつも魚を焼く際に頭を切って焼いていたそうです。すでに焼かれた魚を買ってくることも多かったそうです。この日，父親は頭を切らずに焼いていたのですが，もし頭を切っていたらサンマを焼く遊びをしただろうか，焼いたものを買ってくるだけでは娘の学びになっていなかっただろうと考えたそうです。また，園と家庭の連携もできそうです。保育者は女の子の遊びの意味がわかったのですから，こうした事情を踏まえた充実した遊びを展開できるでしょう。さらに，母親は喜びも感じています。この遊びから娘の成長をしっかり感じているのです。

このように，ドキュメンテーションを保護者と共有することは，園と家庭が協働することにつながります。それが，保育者と保護者が一緒になって子どもたちの育ちを支えることになるのです。ドキュメンテーションを保護者と共有する際は，園の入り口付近のような目にしやすいところがよいでしょう。保護者が悩んでいることや不安に思っていることに対するヒントが込められたドキュメンテーションを掲示してもよいですし，家庭にもつなげたい遊びのドキュメンテーションでもよいでしょう。子どもたちのときと同様に，保護者に対するドキュメンテーションの掲示も保育者は意図的に行います。

デジタルデバイスを活用した共有

デジタルデバイスを活用することで，ドキュメンテーションを効率的に共有できます。同僚保育者との共有では，アプリを使うとよいでしょう。

①アプリの活用例1

多くの園では，ドキュメンテーションを共有する際に，園内のサーバーにフォルダーを作っているのではないでしょうか。保育者の名前のフォルダーやクラス別のフォルダーです。しかし，このような分類をすると後から検索することが難しくなります。たとえば，５月の保育を調べたいというときに，保育者ごとに，クラスごとにフォルダーを順番に確認していくことになり，手間がかかります。

ある保育所では，Evernote にタグをつけてドキュメンテーションを保管しています。みなさんが洋服を買う際に，タグがついていますよね。価格，サイズ，製造会社など。同じように，そのドキュメンテーションを表す言葉をタグにするのです。

雨ってふしぎ

対象：すみれ組　作成者：池下桃代
作成日：平成30年7月5日

保育のねらい：雨の日の遊びを知り、友達に自分の思いを伝える。

●振り返り

雨がたくさん降った日に、靴箱の前に全員で出て、雨に触れてみました。保育者が「雨ってどんな形かな？」と声をかけると、「まるいのとか、真っ直ぐで大きい雨もあるなあ、屋根から落ちとるのはまるじゃなあ」と考えながら発言する姿が見られました。その後、6月の壁画製作のあじさいの周りに雨を描いてみると「さっきの雨はまるだったけんまるで描いてみよう」や「雨ってクレパスだったら何色で描いたらいいんだろう...透明だから白色かな？」と窓の外を見ながら、考える姿が見られました。（豊かな感性と表現）

自分で気付いたことがあれば、友達に知らせてくれるすみれ組さんですが、雨の絵を描いている時には、自分の思いを友達に上手に伝えきれずに「雨って水色に決まっとる！」と怒って自分の思いを表現する姿も見られました。これからも保育者は、一人一人の思いを大切にしながら、楽しい会話が続くような声掛けや手助けをしていきたいと思います。（言葉による伝え合い）

たとえば，池下桃代先生のドキュメンテーションなら，「雨」，「壁画製作」，「６月」のように，ドキュメンテーションのタイトルや振り返りにある特徴的な言葉をタグに使います。あるいは，「豊かな感性と表現」，「言葉による伝え合い」のように10の姿や，「池下桃代」のような作成者の名前もタグにしておくとよいでしょう。

また，ドキュメンテーションの内容と３法令を関係づけるのもよいでしょう。３法令の理解につながるだけではなく，３法令と実際の保育の関係を考えることができます。池下先生のドキュメンテーションは，『保育所保育指針』の「豊かな感性は，身近な環境と十分に関わる中で美しいもの，優れたもの，心を動かす出来事などに出会い，そこから得た感動を他の子どもや保育士等と共有し，様々に表現することなどを通して養われるようにすること。その際，風の音や雨の音，身近にある草や花の形や色など自然の中にある音，形，色などに気付くようにすること」の具体的な保育として，「指針＿３歳以上児の保育＿表現」とタグをつけることができます。

このようにタグをつけることで検索しやすくなります。ドキュメンテーションは保育者の保育の履歴集であり，それが蓄積されていくことで園内の保育資料にもなります。新人保育者が参考にしたり同僚保育者の保育から学んだりします。このとき，検索することに手間がかかるのでは，資料の価値がなくなります。しかし，タグがあることで，池下先生に憧れる新人保育者は「池下桃代」と検索すれば，池下先生のドキュメンテーションをまとめて読むことができます。あるいは，６月の保育について調べたいときは「６月」と検索すれば，池下先生に限らず，他の先生のドキュメンテーションを集めることができます。ドキュメンテーションは，その園ならではの環境や状況の中での保育が描かれているはずですから，一般的な内容が書かれている保育雑誌を読むより，園の環境に即した保育を具体的に学ぶことができます。

②アプリの活用例２

ドキュメンテーションを複数の保育者と一緒に作る際には，Google Drive を使うのもよいでしょう。複数で作業をする場合，ドキュメンテーションのデータをメールで送受信するのは手間がかかります。Google Drive を使えば，パソコンはもちろん，スマートフォンやタブレットからもドキュメンテーションを作成できますし，全員が同じデータにアクセスできるのでメールは必要ありません。

ぼくの・わたしのオリジナルロケット☆

作成者:ふじ組　廣瀬 未奈
作成日:7月5日

○ねらい
自分なりに宇宙やロケットをのびのびと表現する・マーブリングで色の変化を楽しむ

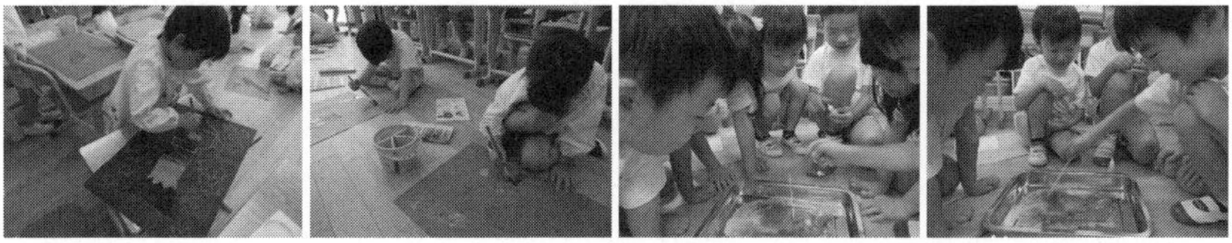

アート活動でふじ組の宇宙を描いた際、ロケットを描く子どもの姿が見られたことから2枚目の絵の題材は「ロケット」を選びました。本を見て、ロケットの細部まで描いていく子やロケットのまわりに星や人工衛星などを描いて宇宙を表現する子などさまざまで、完成が近づくにつれ楽しさや嬉しさが膨らんでいる様子でした。(豊かな感性と表現)

マーブリングという技法も取り入れてみたところ、液が混ざっていく様子を見て「黒は強いんやな」「青と黄色はいい感じよ」「じゃあ、赤と青なら紫っぽくなるかも」と子ども同士でいろいろと試しながら色の変化を楽しむ様子が見られていました。
(思考力の芽生え)(言葉による伝え合い)

科学博物館見学やプラネタリウム観賞、アート活動など、さまざまな経験を通して子どもたちの興味がどんどん深まり、広がっているように感じます。展開の仕方や働きかけ方など試行錯誤の毎日ですが、子どもたちの姿からたくさんヒントをもらいながら一緒に進めてきたいです。

たとえば，廣瀬未奈先生がドキュメンテーションを Google Drive にアップすれば，他の保育者も同時に編集すればよいのです。振り返りのところを，廣瀬先生は黒色で，ある保育者は青色で，ある保育者は緑色で書けば，保育者それぞれの考え方や意見，まとめ方の違いがわかります。Google Drive にアップされたドキュメンテーションを同僚保育者と編集することで，保育者によって保育の着眼点や取り上げる場面が違うことに気がつきます。これは，子どもたちの育ちや保育者の保育を多面的に，重層的に見ることにもなります。

また，保護者との共有でもこうしたアプリは使えます。金生幼稚園では，kidsly（キッズリー）というアプリを使ってドキュメンテーションを保護者に配信しています。園から保護者への連絡とドキュメンテーションも一緒に配信することで，園からの情報を一元化できます。保育所や幼稚園の入り口に掲示されている案内文やお知らせを写メしている保護者は多いでしょう。このような行動は，スマートフォンやタブレットで情報を読み，整理し，管理することを意味しています。Dropbox でも OneDrive でも，Pages でも Keynote でもかまいません。こうしたアプリを活用して，ドキュメンテーションを効率的に，効果的に共有する方法を考えることが重要なのです。

9　保育者の成長を支えるドキュメンテーション

技術的熟達者と省察的実践者

ドナルド・ショーン（Donald Alan Schön）によると，専門家には技術的熟達者（technical expert）と省察的実践者（reflective practitioner）の２つのタイプがあります。

①技術的熟達者

技術的熟達者とは，専門分野の知識や技術を理解して，正しく使いこなすことができる専門家です。たとえば，指導計画を立てて，それに基づいた保育をきちんと展開できるような保育者です。もちろん，これらの知識や技術は保育士に限らず，幼稚園教諭や保育教諭にも求められます。

②省察的実践者

一方で，省察的実践者とは，自分が置かれた状況を整理したり確認したりして，状況に適した問題を設定し，解決策を作っていく専門家です。たとえば，入念な指導計画は立てておくけれど，保育では子どもたちの反応は必ずしも予想した通りになるとは限りません。そこで，指導計画に子どもたちを合わせるのではなく，その状況での子どもたちの反応に合わせて保育を柔軟に変えていく保育者です。

このような保育者は，保育が終わった後だけではなく，保育をしながら省察を繰り返し，ねらいは妥当だったのか，子どもたちがもっと遊びこめるようにする方法はないのか，なぜ退屈そうにしているのかのように，保育をしながら常に自問自答し続けています。よりよい保育を展開するためには，省察的実践者としての保育者になる必要があります。

保育者としての成長の４段階

では，どうしたら省察的実践者としての保育者になれるのでしょうか。保育者としての成長を促すために，どのようにドキュメンテーションを使えばよいのでしょうか。幼児教育の研究者であるリリアン・カッツ（Katz, L. G.）は，保育者の成長には４つの段階があると言います。第１段階は「生き残り（Survival）」，第２段階は「強化（Consolidation）」，第３段階は「再生（Renewal）」，第４段階は「成熟（Maturity）」です（Katz, L. G., “The Developmental Stages of Preschool Teachers”, Elementary School Journal, 73(1), 1972, pp.50-54.）。

① 第１段階「生き残り（Survival）」

第１段階の「生き残り」は，教科書で語られる理想的な保育，子ども像，保育者像と現実のそれの違いであるリアリティ・ショックを経験し，今後，保育者として生き残れることができるかどうかが試される段階です。現実の状況と向き合い，試行錯誤したり，同僚保育者からの精神的，技術的な支援を受けたりしながら，保育者としてのアイデンティティを確立することで，次のステージへ進むことができます。

この段階では，ドキュメンテーションを丁寧に作り込むことが重要です。子どもたちはこうに違いない，保育はこうあるべきだという教科書で語られる保育に合わせたり，そうした理想に合うようなドキュメンテーションを作ったりするのではなく，ドキュメンテーションの素材を一つひとつ丁寧に読み込み，そこに浮かび上がる子どもたちの育ちの物語をありのままに受けとめることで，子どもたちや保育に対する実践的な理解をしていきます。

② 第２段階「強化（Consolidation）」

第２段階の「強化」は，リアリティ・ショックを乗り越え，自分なりの保育，子ども像，保育者像を強化する段階です。保育者として保育の経験を積む中で，教科書だけでは知ることができなかった知識や技術を整理し，固めていきます。こうして，実際の保育の経験に基づく自分なりの保育理論，保育観，保育者像を作るのです。

この段階では，ドキュメンテーションをもとにした省察を丁寧に行います。保育にも慣れてくる段階なので，子どもたちの様子や保育の展開についてありきたりな解釈をしがちになります。そのような単純な解釈で終わるのではなく，省察を丁寧に繰り返すようにします。なぜそうなのだろうか，他には方法はなかっただろうか，用意した道具がどのように使われたらおもしろいだろうか，どのように配置したら子どもの学びが促されるかのように，ドキュメンテーションを活用して様々な視点から考え，子どもたちや保育に対する多様で，重層的な理解をしていきます。

③ 第３段階「再生（Renewal）」

第３段階の「再生」は，中堅保育者やリーダー的な保育者として確立してきた自分なりの保育の視点や方法をいったん崩し，新たな視点や方法を取り入れることで，いままで以上に効果的，専門的な保育を再び作り出す（再生する）段階です。

この段階では，ドキュメンテーションを同僚保育者，子どもたち，保護者と共有することが重要です。保育や子どもたちの生活を取り巻く環境や制度は常に変化し続けています。子どもたちも毎日同じ様子ではありません。そこで，保育カンファレンスでドキュメンテーションを共有することで，他者の視点や考え方を積極的に聞くようにします。ドキュメンテーションの共有を行うことで，自分の考えや視点にこだわるのではなく，常に新しい発見や学びを得て，子どもたちや保育を様々な視点から理解していきます。

④ 第４段階「成熟（Maturity）」

第４段階の「成熟」は，保育の専門家として豊富な経験に基づく自分なりの保育理論，保育観，保育者像をもちながらも，その場，そのときの子どもたちの様子や状況に応じた最適な対応が可能となる段階です。「行為の中の省察」を行う省察的実践者として確立していきます。もちろん，「成熟」とは保育の専門家としての完成形のことではなく，理想とする保育や保育者を目指して，学び続け，専門家として成長し続けることです。

この段階では，ドキュメンテーションのあるべき姿や方法を再検討していくことが重要です。どのようなドキュメンテーションにすればよりよい保育につながるか，どのようにドキュメンテーションを使えば対話が深まるかというように，保育の専門家として成長するためのドキュメンテーションのあり方を考えるのです。

こうした段階を経て，保育者は省察的実践者となっていきます。省察的実践者としての完成形やゴールはありません。技術的熟達者としての保育者は，保育の知識や技術を早く，正確に使うことができるようになることが完成形でありゴールです。それが，技術的熟達者の成長です。しかし，省察的実践者は常に省察をし続けます。これでよかったのか，もっとよい方法は他になかったのかというように，目的，方法，課題，解決策を考え続けます。だから，省察的実践者にこれでもう十分という完成形やゴールはないのです。

省察的実践者として成長し続けるために

では，省察的実践者として成長し続けるためにはどうすればよいでしょうか。それは，毎日の保育を通じて丁寧な省察や他者との共有を積み重ねていくことです。すなわち，学び続けることが成長し続けることです。省察的実践者である保育者として成長するということは，学び続ける意欲や姿勢をもち続けるということなのです。ドキュメンテーションは，そのために作り，活用するのです。

（浅井拓久也）

コラム　ドキュメンテーションを活用して要録や連絡帳を書く

保育所児童保育要録（以下，要録）や連絡帳は，子どもの育ちがわかるような様子や場面を記入するものです。たとえば，要録では，「順番を守らない友達には順番を守ろうねと伝えるなど，ルールや規則を守ろうとする気持ちがあります」のように記入します。また，連絡帳でも，「今日は焼き芋大会でした。こころちゃんはお芋の土を丁寧に洗ってくれました。友達も誘って，たくさん洗ってくれました」のように記入します。

しかし，どのような様子や場面を選んでよいか悩むこともあります。特に，連絡帳は毎日書くものなので，何を書いたらよいか悩むことが多いようです。このようなときには，ドキュメンテーションを活用しましょう。図のように，ドキュメンテーションで使用した写真（前掲 P.71）を取り出し，縦に10の姿，横にそれぞれの子どもの名前を並べます。写真を見ながら，子どもたちの言動を振り返り，遊びや活動を通して子どもたちのどのような力が伸びているか，育ってきたかを，10の姿の観点から考えるのです。たとえば，はるとくんはたくさんの色を組み合わせて自分なりの色を作りだしていたのなら，「豊かな感性と表現」の欄にそのときの様子を記入しておきます。もちろん，色の組み合わせを試行錯誤しているのですから，「思考力の芽生え」に記入してもよいです。

このように，10の姿の観点から子どもの育ちを振り返ることで，子どもの育ちを多面的に考えることができます。こうして記入したものからいくつか選んで，要録や連絡帳に転記するようにしましょう。なお，10の姿の観点から記入すると，あまり記入されていないところがでてくることもあります。それは，遊びや生活の中で，その部分の育ちが十分ではない可能性を意味しています。だから，それを補うような保育を考えるようにしましょう。

		はると	こころ	しおり
幼児期の終わりまでに育って欲しい姿	健康な心と体			
	自立心			
	協同性			
	道徳性・規範意識の芽生え			
	社会生活との関わり			
	思考力の芽生え			
	自然との関わり・生命尊重			
	数量や図形，標識や文字などへの関心・感覚			
	言葉による伝え合い			
	豊かな感性と表現			

第2章
年齢別　ドキュメンテーションを活用した保育

第２章では，**金生幼稚園**の保育者が作った**実際のドキュメンテーション**を紹介します。

ドキュメンテーションをクラス別に紹介し，金生幼稚園での様々な活動がわかるようにしました。**金生幼稚園と小学校の幼小連携として行った保育**や，**地域交流活動**のドキュメンテーションも含まれています。

また，複数の保育教諭が一緒になって作ったドキュメンテーションも紹介しています。通常は保育者一人か，保育者とそのクラスの子どもたちでドキュメンテーションを作ることが多いのですが，**複数の保育者が一緒になって１つのドキュメンテーションを作りました。**この取り組みは，**保育者がドキュメンテーションを一緒に作る過程で様々な対話，思考，創造が生まれ，よい保育の提案にもつながる**と考えて始めました。

ここに紹介したドキュメンテーションは完成形ではありません。ドキュメンテーションを十分に理解できていないところや，改善の余地があるところも多くあります。**昨日より今日，今日より明日と，よりよい保育につながるための**ドキュメンテーションのあり方を試行錯誤していこうと考えています。

0 歳児クラス

はじめての園外散歩

対象：０歳児みにばら組　作成者：宇高加奈　作成日：2018年5月28日

●保育のねらい

・風や日光などを感じながら、戸外で過ごす心地良さを味わう。
・保育者と一緒に、季節の草花や生き物などに興味を持つ。

●保育の振り返り

園生活に慣れてきた頃、はじめての園外散歩へ出掛けました。近くの保育園の花壇に咲いていた草花や道端に咲いていたタンポポの綿毛など、子ども達にとって「これはなんだろう？」という発見がいっぱいです。
「お花きれいだね」「(タンポポの綿毛を)ふーって吹くと、どうなるかな？見よってよ～」と保育者が言葉掛けをすると、指差しをしたりじーっと見つめたりする子ども達。(自然との関わり・生命尊重)

まだ言葉で表現できない子ども達は、喃語や指差し、様々な表情で大人に伝えようとします。その思いに寄り添い、今後も戸外での活動を積極的に取り入れながら丁寧に関わっていけたらなと思います。

場面選びのポイント

初めての集団生活で４月は不安な表情を浮かべていた子どもたちでしたが，５月頃には笑顔や喃語などの意思表示が見られたり歩行をし始めたりと，様々な成長が見られました。そこで，子どもたちにもっと様々な経験を五感で感じてもらおうと園外散歩を計画しました。

散歩用のバギーに乗って出かけると「あ，あ」「うーうー」と声を出しながら指差しをし，興味を示す姿が見られました。春の時期でもあり，近所の花壇に咲いている花や道端に咲いているタンポポの綿毛などを見つけ，はじめは触れようとせずにじっと見つめるだけだった子が恐る恐る指先で触れてみたり，どう触ってよいのかわからず見つけた物はとにかく力いっぱい握りしめようとしたりと，その子の性格により反応が様々であったのが印象的でした。手に持った物を口へ入れようとしたり花を引きちぎろうとしたりするなど，０歳児ならではの姿に「うわ～！」と焦ることも多々ありましたが，こんな行動も子どもたちにとっては“はじめて”の経験につながるのでしょうね。子どもたちが園外散歩で感じたこと，経験したことが目で見て伝わるような場面を見ていただきたいという思いで写真を選びました。

ココが見どころ！

やはり見どころとしては，子どもたちの表情やしぐさです。みんな表情が様々で，撮った写真を見返すと「このときどんなこと考えとったんかな？」「やっぱりはるとくんはどの写真を見ても，積極的にいろんな物に触ろうとしよるなぁ」と，一人ひとりの姿がよくわかります。

選んだ写真の中に，保育者に抱っこをされてタンポポの綿毛をじっと見つめている１枚の写真があります。「ふーって吹いてみるけんね，見よってよ～」「うわー！　飛んでったね！」という保育者の言葉かけに反応を示し「これは何だろう？」と眉間にしわを寄せて不思議そうな表情をしています。

その子の表情，しぐさ，喃語などから気持ちを汲み取り，保育者とのスキンシップや丁寧な言葉かけでやり取りをしながら信頼関係を深めていくことが，0歳児クラスにとっては必要不可欠です。

作成のためのアドバイス

正直，パソコンは得意な方ではなくスムーズに使えないこともあり「あれ？」と戸惑うことが多い私にとって，ドキュメンテーションを作成するにあたり初めは悩むことばかりでした。写真の配置をしたり文字の色を変更したりとこまかな作業ばかりに気をとられていたのですが，大切なことはその部分ではありません。いかに見やすく簡潔に子どもたちの様子を伝えるか，写真で可視化することによってより具体的に保護者の方とコミュニケーションを図ることができます。初めて写真を見たり文章を読んだりする方々にとってわかりやすいドキュメンテーションにするため，作成した文章は繰り返し読み直すように意識しています。

また，いざドキュメンテーションを作成しようとなると「こんなドキュメンテーションを作りたいから，そのための写真を撮ろう」という“ドキュメンテーションを作るための保育”になってしまうのではないかという不安がありましたが，そうはなりませんでした。保育者が普段の保育にどのようなねらいをもって保育をしているのか，様々な過程を積みながら子どもたちは経験を重ね成長していくのだという振り返りをすることが重要なのだと実感しました。

ねらい通り完璧な保育を行なえているかというとそんなことはなく「もっとこんな言葉かけができたのでは……」と反省したり，一人ひとりの成長に合った関わりができているのかと不安に思ったりすることもたくさんあります。けれど，不安をそのままにして終わらせるのではなく，ドキュメンテーションを作成し振り返ることは自分の保育に自信をもつためのきっかけにもなるのではないかと感じるようになりました。パソコンの使い方がままならないと負担を感じることもありましたが，普段の子どもたちのかわいい様子を写真で見返した上で「このときこんなことしよったよね」「こんな表情しとったんや」と，保育者間で情報を共有し伝え合うことができるという楽しみがあります。

ドキュメンテーションの活用アイデア

自分の保育について振り返りをすることはもちろん，自分のためだけではないのがドキュメンテーションです。日々の保育者との関わりから子どもたちがどのような反応を示しどのような成長につながっているのか，保護者の方にもぜひ知って頂けたらと思い毎日のお迎えのときにその日の様子などをお伝えしていますが，なかなか言葉ではうまく伝えられなかったり保護者の方とお会いできなかったりすることもあります。

そんなときにこのドキュメンテーションという方法を活用し子どもたちの様子をお伝えすることで，保護者の方も言葉や文字だけでなく写真を見て感じるおもしろさというものを実感でき，子どもたちの様子がよりリアルに感じ取れます。今回選んだ写真はほんの一部の姿ですが，くるくると変化する表情，喃語や指差しなど，言葉でうまく伝えられない思いをしっかり受けとめるには「きっとこんなふうに感じていたんだろうな」と，写真で振り返ることもひとつの手段なのだと感じました。（宇高加奈）

食事を楽しむようになってきた姿

対象：0歳児　みにばら組　作成者：熊野菜月

作成日：2018年6月18日

●保育のねらい：色々な食材や料理に慣れ、手づかみやスプーンを使って自分から食べようとする。

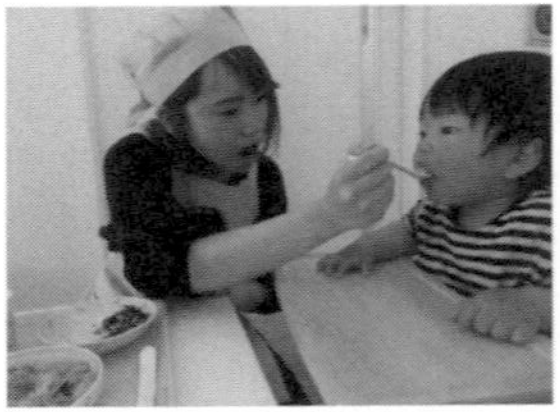

●保育の振り返り

「お手てパッチン」と声を掛け手を合わせたポーズを見せると保育者の真似をして手を合わせて「いただきます」、「ごちそうさま」の挨拶をするようになりました。「アーンパーンチ」と言って口元へ持って行くとニコ～っと笑って口を開け、何でもたくさん食べる子どもたち。（健康な心と体）子どもたちの前にお皿を置くと、手づかみで好きな物を食べたり保育者と一緒にスプーンやフォークを持って食べたりと自分から進んで食べようとする姿が見られるようになりました。（自立心）「お魚食べる？」、「何食べようかな～」と声掛けをすると指さしや身振り、手振り、喃語で保育者に伝えようとしてくれる子どもたちです。楽しい雰囲気の中で保育者や友達と食事をしています。

場面選びのポイント

4月，0歳児にとって初めての集団生活が始まりました。何もかもが初めてのことに不安や寂しさ，戸惑う姿が見られました。遊びや活動を通して，保育者や友達と一緒に過ごすことで笑顔が見られるようになり，好きな玩具を見つけ，少しずつ園生活にも慣れてきました。そんな0歳児の幼稚園生活の中から，食事の様子について写真と共に伝えていけたらなと思いました。

入園当初は，慣れない味付け，食材などに戸惑う姿，表情が見られ，あまり食べなかったり保育者に食べらせてもらったりすることが多かった子どもたちです。子どもたちの気持ちに寄り添いながら，ゆっくりと関わっていき，少しずつ食事の時間にも慣れていくと，手づかみやスプーン，フォークを使って自分から進んで食べようとする姿が見られるようになりました。いまでは，きれいに完食し，おかわりをすることもあります。そんな子どもたちの食事を楽しむようになってきた姿を知ってもらいたい，見てもらいたいと思い，写真を選びました。

ココが見どころ！

この写真の見どころは，食事に対して興味をもち，自ら進んで食べ，食事の時間を楽しんでいる子どもたちの表情，姿です。

入園当初は慣れない食事から不安を感じ，口をあけて食べようとしないこともあった子どもたちですが，「アーンパンチ」，「あーん」と言いながら保育者も一緒に口をあけ，食材を口元へと運ぶと，子どもたちも保育者の真似をして口をあけ，パクっと食べることができるようになってきました。

慣れない環境からの不安や寂しさ，遊びたい気持ちから，あまり食べようとしないことがありましたが，子どもたちの気持ちに寄り添いながら，個々のペースでゆっくりと関わっていき，歌を歌ったり音の鳴る玩具を用いたりして気を紛らわせ，食事を楽しいと思ってもらえるように工夫してきました。

最初は，保育者に食べらせてもらうことが多かった子どもたちも食材に興味を示し，手づかみで好きなものを食べる姿が見え始めました。そして食べたいものがあると「ん！」，「あー」と言って身振り手振り，指差しや喃語を発して食べたい物を保育者に伝えることが増えてきました。また，スプーンで食材をすくおうとしたり，すくうことが難しいと手づかみで食材をとり，スプーンの上にのせて口元へと運んで食べたりと進んで自分から食べようとする子どもたちの姿が見られるようになりました。

いまでは，食事が自分の前に出されると手を叩いて拍手をし食事の時間を喜んでいる子どもたちです。自分が食べたい物を手づかみ，スプーン，フォークを使って自分で食べ進め，きれいに完食，おかわりをすることも増えてきており，食事の時間を楽しむようになってきた子どもたちの姿が見られ，嬉しく思います。

作成のためのアドバイス

ドキュメンテーションを作成するにあたって考えたことは，たくさんの写真の中からどの写真を使ってどんなテーマにすることで，幼稚園での子どもたちの姿を保育者に伝えられるのだろうか，ということです。0歳児にとって，初めての集団生活で何もかもが初めてのことでした。室内や戸外での遊びの場面，絵本を読んでいる場面，食事の場面，様々な園生活の場面がある中でどの場面をドキュメンテーションにするのか悩みましたが，私は食事の場面にしました。なぜなら，入園当初と比べるといまでは，「自分で食べたい！」，「スプーンを使ってみたい！」，「食事の時間が楽しい！」という子どもたちの食事に対する楽しみ，興味，意欲がたくさん感じられたからです。

ドキュメンテーションは難しく考える必要はなく，子どもたちのかわいい姿，楽しんでいる姿，頑張っている姿，成長を感じる姿などを写真と短い文章，ときには吹き出しをつけながら作成していくだけなのです。写真選びやドキュメンテーションを作成していると，そのときの場面や姿が思い出され，自分自身も楽しく，懐かしく感じることができます。是非，一度ドキュメンテーションを作ってみてはいかがでしょうか。

ドキュメンテーションの活用アイデア

保護者の方に，お迎えのときやキッズリーを通して，園での子どもたちの様子をお伝えすることはできますが，実際に子どもたちの姿を見てもらうことができないので言葉で伝えるだけではうまく伝えられないときもあり，保護者の方もイメージしにくいときもあるかと思います。そんなときに，ドキュメンテーションを活用すると，園での活動や遊び，普段の子どもたちの様子，保育者の声かけ，関わりなどを写真を通して見ることができ，わかりやすいかと思います。ドキュメンテーションを配信した際に「子どもの姿が写真で見えてよかったです」と言う保護者の方からの声を聞くこともありました。

私たち，保育者にとっても，ドキュメンテーションを作成することで，子どもたちの成長を感じることができ，次はどんな活動や遊びをするのか，どのような声かけ，関わりをしていくのか，など自分自身の保育を振り返ることができます。保育中には気づくことができなかった子どもたちの姿にも気づくことができ，新しい発見ができることもあります。　　　　（熊野菜月）

0・1 歳児クラス

雪の築山

●ねらい　冬ならではの素材に触れ、保育者や友達と楽しんで遊ぶ

作成日　2018年1月11日
対象児　0.1歳
作成者　江口美穂

●保育の振り返り

寒い冬の朝、登園するとトネリコ広場にうっすらと雪が積もっていました。真っ白になった広場やふわふわと空から降ってくる雪に子どもたちは大喜びです。みゆちゃんが「あっ！雪じゃ～！触ってみたい！」と伝えてくれたので「行ってみる？」と声をかけると「うん！」と応えてくれました（言葉による伝え合い）。広場に出て一歩足を踏み出すと、いろいろな音が聞こえてきて子どもたちの表情が更に明るくなりました。保育者が「雪が氷になっとるかも・・・靴で踏んだらシャリシャリの音かな？ザクザク？」と声をかけると両足を揃えて跳んでみて「ザクザクって音がする！」となつちゃん。そんななつちゃんの姿を見ていたさきちゃんも「シャリシャリって言いよる」と一緒に追いかけっこが始まりました（豊かな感性と表現）。「みんなにも持って行ってあげる」とバケツに雪や氷を集め、寒さが苦手な友達も室内で雪遊びを楽しみ、「ツメタ！」と氷が溶けたり、ひんやりとした感覚を友達と一緒になって五感で楽しみました（協同性）。

後日また雪が降り、子どもたちに「お外に行ってみる？」と提案すると、先日雪で遊んだ経験から喜んで外遊びにでかける姿がありました。前回とは違うさらさらの雪。うっすらと雪の積もった築山を登ると小さなかわいい足跡がつき、次々に登って来た友達とぎゅ～っとくっつき「温かいね」と体を寄せ合いました（健康な心と体）。雪の音を聞いたり、触れたり、友達の温かさを感じたり、感覚を通して全身で学ぶ子どもたちの姿が感じられました。

場面選びのポイント

私が雪遊びの場面を選んだ理由は，雪に触れて喜ぶ子どもたちがかわいかったからです。撮影した写真を後から見返してみると，子どもたちの生き生きとした表情がありました。珍しそうに雪を見つめている子，「つめた！」とひんやりとした感覚を楽しんでいる子，足で踏んだときの雪の音をおもしろがっている子，“おいしそう～”と思わず舐めたり口に入れたりしている子……。どの姿も「雪」への興味がいっぱいに見えました。

私たちが住む地域は，冬でもほとんど雪は降らず，たまに積もっても「うっすら白いかな？」という程度です。この日はたくさんの雪が降っており，氷に近い雪が保育室から見えました。雪に興味をもった子が担任の先生に「触ってみたい！」と言葉で伝えたことから雪遊びが始まりました。

ココが見どころ！

私はクラス担任ではなく補助として保育に入っています。ドキュメンテーションにはすべて書けなかったのですが，私は担任の先生の言葉かけが好きです。雪に興味をもち，触ってみたいとトネリコ広場に出た子どもたちに，「雪が氷になっとるかも……靴で踏んだらシャリシャリの音かな？　ザクザク？」と子どもたちが音に気づいたことを感じ取り投げかけました。保育者が「ザクザクするね」と言ってしまうのではなく，子どもの自由な表現を導いていてすごく印象に残りました。また，保育室の中で窓越しに見ていた寒さが苦手な子たちも雪に触れられるよう，「持って帰って見せてみる？」と提案してバケツを用意し，子どもたちのわくわくする気持ちや楽しさをみんなで共有できました。

また，1歳児クラスの1月，子どもたちと保育者との言葉でのやり取りも増えました。「雪を触ってみたい」「つめた！」「ザクザクいいよる～」と感じたことを言葉で伝える姿もあり，築山では下から登ってくる友達に「おいで～」と両手を広げて待ち，登りきるとぎゅ～っと抱きしめ，簡単な言葉やしぐさで気持ちを表現していました。友達と一緒に過ごすことの楽しさが感じられ人と関わる力が育っているなと感じた一場面でした。

広場や戸外での雪遊びを通して，子どもたちは色々なことに気づきました。雪や氷の冷たさや，温かい手で触ると溶けて小さくなり水になること，友達と体をくっつけると温かいこと，雪を踏むと音がしたり足跡がついたりすること。大人はわかっていていることでも，子どもたちは体で感じて，実際に触ってみて，五感を研ぎ澄まして遊びながら学んでいるのだなと感じました。

作成のためのアドバイス

私は今回ドキュメンテーションを作成してみてわからないこと，難しいことがたくさんありました。タイトルや写真選びは「この表情いいな～」「どんなことを考えているのかな？」と楽しく進めていけるのですが，保育の振り返りとなると，考え込み，手が止まってしまう自分がいました。子どもたちの姿，言葉を思い返し文章にするけれど，10の姿のどの姿かな，どう書いたら見る人にこのかわいさが伝わるかなとばかり考えすぎてしまい，子どもたちの「興味をもったこと」「気づいたこと」にあまり目を向けられていませんでした。そこで，子どもたちの姿や言葉，担任とのやり取りなどをもう一度思い返してみることにしました。子どもたちは雪遊びを通して，手で触れて，耳で聞いて，足で感覚を楽しむなどして，音や温度を肌で感じ体験しました。手で触ると溶けて水になったり，氷は踏むとザクザクと音がしたり，その音が雪の薄い場所では違って聞こえたり，子どもたちが不思議に思ったり，おもしろいと感じることは，大人目線だと気づきにくいけれど，たくさんあるのではないかなと思い始めました。すると，かわいらしさや園での姿を伝えるだけでなく，子どもの興味をもったこと気づいたこと，考え学んだこと，そしてその過程をもっと見る人に伝えられるといいなと思うようになり，少しずつですが子どもの興味や気づきに目を向けられるようになりました。

ドキュメンテーションの活用アイデア

いままで私は，反省や保育の振り返りの中で“次はこうしてみよう”と思ってもなかなか計画に取り入れられずにそのままになってしまい，保育に連続性をもたせることが苦手でした。しかし，先生方が作ったドキュメンテーションの掲示を見せていただき，私自身も今回初めてドキュメンテーションを作ってみて，子どもたちの興味や関心が可視化されることで，ねらいが明確になり計画を立てやすくなるように思いました。また，ドキュメンテーションを作成することで保育中には気づかなかったことに気がつくこともあり，子どもの新たな一面を発見できるよい機会になると感じました。それは，子どもをより深く理解するためにも役立つと思います。

ドキュメンテーションを通して，保育者から教えることばかりでなく，子どもたちから学ぶことも多くあることがわかり，子どもたちが自分で学ぶことの大切さを考えさせられました。ドキュメンテーションを今後の保育にいかし，保育者は子どもの興味に寄り添った環境設定や言葉かけをし，子どもが自分で気づき，やってみようとする過程を大切に見ていかなければならないと思いました。　（江口美穂）

1 歳児クラス

お店屋さんごっこ

作成日：2018年7月4日　対象児：1歳児
作成者：齊藤佳那

●保育のねらい
・様々な素材に触れて、作る楽しさを味わう。
・生活の中で経験したことを真似しながら、友だちとやり取りをする。

いらっしゃいませ～
何にしますか？
バニラアイスとジュース
下さい！
いただきまーす！

●保育の振り返り
・綿や透明のコップ、ストローを用意すると、カップに綿を詰めてジュースを作ったり食べ物を持って来たりしてお店屋さんごっこをして遊びました。ジュースを「おいし～」と飲んだり、机に食べものを並べたり、食べたりと、お店での様子を真似をする姿が見られました（社会生活との関わり）。また、「いらっしゃいませ～」「えっと～、アイスとジュース下さい！」「どうぞ」「ありがとう」と店員さんやお客さんになりきり、保育者や友達と言葉のやりとりを楽しんでいました（協同性・言葉による伝え合い）。こうしたごっこ遊びを通して、社会生活のルールやそのなかでの振る舞いを学んでいきます。

場面選びのポイント

私がこの場面を選んだポイントは，綿とコップを使ってジュースを作る遊びから，「いらっしゃいませ〜，何にしますか？」とお店屋さんごっこにつながっていく子どもたちの発想がおもしろかったことです。

絵の具を使った製作では，絵の具の色に「あか！」と嬉しそうに反応をしてくれたり絵の具を手につけると「うわあ！　つめたい」と触ってみて感じたことを言葉にしてくれたり，いろんな反応を見せてくれました。また，のりを使ったときには，ぬるぬるした感触が苦手で触れない子や触るのを戸惑う子もいました。そんな子どもたちの様子から感触を楽しんだり触ったときの気持ちを言葉にしたりいろんな素材に触れて楽しみたいと思ったので，綿での遊びを取り入れました。

最初は綿の素材を楽しむために綿にたくさん触れた後，コップに花紙や綿を詰めて好きな色のジュースを自分で作ったり，作ったジュースを飲んだりするだけでした。簡単なお店屋さんごっこはしたことがあるので，最近ばら組では「いらっしゃいませ」のやり取りが流行っていました。今回はみんなでジュースを作って「おいし〜」「ブドウジュース！」と遊んでいると，1人が「何にしますか？」と保育者に尋ね「はい，どうぞ！」と作ったジュースを渡す姿が見られました。その姿を見た子どもたちから「いらっしゃいませ〜」とジュース屋さんごっこが始まりました。ジュースを作るジュース屋さんから，おままごとのご飯やお皿を持って来てマクドナルドのお店屋さんごっこに発展しました。子どもたち同士で「いらっしゃいませ〜」「これください！」とやり取りする様子もたくさん見られ，楽しいお店屋さんごっこになりました。

子どもたちが自分で考えこんなに遊びが発展していくことに驚かされ，すごい！　と改めて感じることができました。

ココが見どころ！

この写真の見どころは，子どもたちの生活の様子を感じることができるところです。

ハンバーガーやポテトがあることを思い出して，おままごとの中から探し出し，ジュースも付けて「ハッピーセット！」といつもの生活の中で行ったことあるお店の知っている物を作ってくれました。ハンバーガーは本物のお店のハンバーガーのように花紙できれいに包んだあと，半分だけハンバーガーを出して花紙で包んでいる所を持って食べていました。お店でのお母さんやお父さんの様子，自分の経験を上手に再現してくれていました！　周りの様子やお店のことをよく見ているんだな，よく知っているなと，また子どもたちに驚かされました。

店員さんになるとお友達の「〇〇ください！」の言葉に「売り切れです(笑)」と言ってみたり，お客さんになると注文を「う～ん」「えっと」と考えてみたりおもしろい姿も見られました。お盆に食べ物を乗せてそっと運んでいる様子もかわいらしかったです。

私も行ったことあるお店の食べ物を子どもたちと一緒に「おいしいよね」とお話することができたのも，このお店屋さんごっこの楽しさの１つです。そして，ハンバーガーをおいしそうに食べる姿や「おもちゃもあるんよ！ハンバーガー食べておもちゃよ」と話す姿に「ハンバーガーが好きなんだな」や「ハッピーセットのおもちゃを楽しみにしているんだな」と子どもたちの普段の様子も感じることができて嬉しかったです。

作成のためのアドバイス

私がドキュメンテーションを作るときに難しかったことは，写真を選ぶときの場面選びです。いつもの外遊びの様子やご飯の様子などいろんな場面の写真から１つの場面を選ぶとき，子どもたちの普段の様子や私の保育を伝えるためにはどんな場面がいいんだろうとたくさん写真がある中で迷いました。そして，私の保育はどんなことを大切にしたいか，一緒に楽しんだこと，ばら組のみんならしいことが伝わるような場面を選びました。保護者の方にばら組での子どもたちらしい姿が伝えられたらいいなと思います。

ドキュメンテーションの活用アイデア

私がドキュメンテーションを作ったことでよかったことは，自分の保育を深く振り返ることができたことです。
写真を見て考えることができるので，遊びや子どもの様子が，はっきりとイメージすることができます。イメージがはっきりできるので，子どもたちの行動や反応からこんなことがよかった，ここはだめだったと反省も深くすることができました。この反省から，次はこんな遊びをしてみよう！　と次につなげるイメージも考えやすかったかなと思います。

また，子どものつぶやきや行動を目で見ることができるので，遊びにつながった過程も目で見ることができました。ハンバーガーを食べる様子，ご飯を運ぶ様子を写真で見て，こんなことができたんだ！　こんな風にしていたのだと遊びの中では気づけなかったことも後から見ることができました。

（齊藤佳那）

びりびり！

対象：2歳児　ひまわり組　ひまわり組担任　下元愛莉

作成日2018年6月19日

ねらい　ものの感触に興味を持ち保育者や友達と会話を楽しむ

保育の振り返り

破ったり折り紙のように折ったり、「ひらひら～」とお花に見立ててみたりと新聞紙の感触に興味を持ち始める子ども達。(思考力の芽生え)おばけが大好きな子どもたちは、おばけの顔が描かれた袋に新聞紙を集め始めると「いっぱい集めよう！」「こうやって持ったらいっぱい持てるよ！」「おばけさんいっぱい食べてよ」「一緒に入れよう」と保育者と話したり、子ども達同士で考え工夫しながらたくさん落ちている新聞紙を拾い集めました。(言葉による伝え合い)(協同性)おばけの袋をお友達や保育者と協力してホールに持っていくと、「おばけだぞぉー！」と保育者やお友達と一緒に追いかけっこをしたり、サンタの真似をして遊ぶ姿が見られました。

場面選びのポイント

きっかけは折り紙を折る製作をしているときに，紙をちぎる子どもの姿をみたことから素材の感触を感じてほしいと思ったことです。

折り紙と似ている素材から今回は新聞紙を使っての遊びをしました。以前新聞紙を見た子どもたちから「これはお家でパパが読みよる！」という声を耳にしました。家にもある身近な素材を使って指先を使い，触ったり破いてみたり折り紙のように折ってみたりと思い思いのままに遊ぶ姿の場面です。

破った新聞紙をお片付けという表現で集めるのではなく，袋におばけの絵を描いておくだけで子どもたちは「おばけさん食べてもいいよ」「いっぱい食べて」と新聞紙を１枚も拾い残さないよう保育者やお友達と声をかけ合い拾い集めました。そんな子どもたちの発想や姿は保育者の想像を超えて大きく膨らんだ展開を見せてくれました。「ここがお家」「これはチューリップみたい」「これざらざらしとる」「この人サッカー選手や」と様々な物に見立てたり，新聞紙の感触を感じたり，中には，新聞紙の記事に目を向けて真剣に見ている子どもの姿も見られました。この場面は，子どもたち同士での言葉の関わりも多く見られた遊びです。何人かで袋を持つ場所を決めたり，保育者の真似をして「お片付け誰が上手かな～？」という子どもに対し，「わたしが上手よ」「これだけ集まりました～」と小さい先生に見せていました。先生になりきったり，袋に描かれたおばけにご飯を食べさせてあげたりといつもと少し違う環境や遊びではありますが，普段遊んでいるおままごと遊びなどからきているものです。折り紙でも様々な遊びの展開を見せてくれた子どもたちでしたが，大きいたくさんある新聞紙という身近な素材を使うことでよりダイナミックに遊んでいる子どもたちの姿が印象的でした。普段の遊びも知っていただき，これから子どもたちにたくさんの素材に見て触れてたくさんの感触を知っていって欲しいという思いからこの場面を選びました。

ココが見どころ！

このドキュメンテーションの見どころは，新聞紙をいれた袋をホールに持って行き遊ぶ姿です。「おばけだぞぉー！」やサンタの真似をして遊ぶ子どもたちの姿は子どもたちが友達と話したり遊んでいく中で発展しました。大きい袋を持って追いかけっこをしていた友達を見て，１人の子どもがふと「サンタみたいになっとるで」とつぶやきました。つぶやきを拾った別の友達が「サンタさん待てー！」と追いかけ始めたり，「プレゼントはなんですか？」とプレゼントをもらおうとする微笑ましい姿が見られました。絵本で読んだおばけの姿を思い浮かべたり，サンタクロースが持っている袋だと思いプレゼントを期待している姿に日常の保育の重要さを改めて感じました。

作成のためのアドバイス

私は初め，パソコンが苦手で作ることにすごく時間がかかりました。特に画像を選ぶのはとても時間がかかりました。どの写真もかわいくて，一人ひとりの個性が見えていて悩みました。ひまわり組らしい一枚にするために，写真選びや文章（どんなことをしたかを詳しく書いたり），また子どもたちの表情や思いをいつでも感じられるように作ろうと思い取り組みました。

いざ作り始めると，少ない文章でもわかりやすく，具体的に内容を書いていくのは難しく，「あれも書きたい。これも書きたい」と悩んだりもしました。ドキュメンテーションは，保護者が普段は見られない子どもの姿をみてもらえる素敵なものです。また本園では，ドキュメンテーションをインターネットで見るだけでなく，コピーし，階段に掲示しています。階段に掲示することによってゆっくり一段ずつ登り，「先生！　これ○○ちゃんおる！」や「この遊びまたやりたいなあ」と子どもたち同士の会話が広がったり，活動の意欲が高められたりしていると感じました。保護者も子どもを中心としたコミュニケーションをとることができたりと，家庭での遊びにもつながっていくのだと思います。

ドキュメンテーションの活用アイデア

ドキュメンテーションを通じて感じたことは，実際に子どもが遊んでいる様子を写真という近い距離で感じられるもので見ることができ，保育者の関わり方も見てもらえるのはすごく新しいなと思いました。毎日の記録ではなく，子どもや保護者，保育者同士のコミュニケーションのツールになるものなのだなと思います。

また自分自身の保育を振り返ることができました。遊びを振り返ることで，いままでは見えていなかったことも見えるようになり，視野が広くなったり，いろんなところに目を向けられるようになった気がします。当たり前のように，一瞬で過ぎていく日常でも，写真に収めてそこに言葉をつけ加えると，たくさんの記憶や思いが鮮明に思い出されたりします。それが私の１つの楽しみです。

今回は新聞紙を使った感触遊びのことについてドキュメンテーションを書きました。普段，家庭で行えば後片付けが大変なこともみんなで一緒に楽しんで行うことで，次のアイデアにつながったり，積極的にお片付けができるようになったりといった場面が見えてきました。また，子どもの「もっとしたい！」と言う声が聞こえていたときには「やった！」と喜んでしまいました。子どもが喜んでいる姿は保護者も嬉しいようで，「実際に家でもやってみました」と言う声も増えてきました。そういったコミュニケーションや遊びの展開につながっているなと強く感じることができます。また，子どもたちの行動や反応からこんなことがよかった，ここはもう少しこうすればよかったなどと反省も深くすることができました。この反省をもとに，次はこんな遊びをしてみようかな？　と次につなげるイメージも考えやすかったかなと思います。

（下元愛莉）

2歳児クラス

身近な秋の自然に触れることを楽しむ

対象:2歳児ひまわり組　作成者:山川可純
作成日:2017年11月6日

●保育のねらい
・秋の自然に触れ戸外で遊ぶ気持ち良さを味わう
・落ち葉に興味を示し感触を楽しみながら遊ぶ

たくさん拾ったよ

気持ちいい

美味しくなぁれ

●保育の振り返り
　秋の季節ならではの落ち葉遊びではたくさんの落ち葉を拾いました。(自然との関わり)
また、自然と関わることで赤や黄色・茶色・・様々な落ち葉の色や形の違いに気付くことができます。(数量や形への関心)水や砂を混ぜる中で感触を楽しんだり、混ぜ合わせたりすることで触り心地や触った時の感触の違いにも気づくことができ「冷たい」「気持ちいい」「重たい」など保育者や友達と言葉のやりとりをする姿も見られました。
混ぜ合わせたものをカレーライスに見立てごっこ遊びへと展開され友達との関わりへと繋がり、友達と思いを共有することの楽しさも味わいました。(言葉による伝え合い)

場面選びのポイント

金生幼稚園には園庭に桜の木があります。春には桜の花が咲き，秋にはあたり一面，様々な形や色とりどりの落ち葉が落ちています。子どもたちは落ち葉に興味津々であり，落ち葉をたくさん拾い集めることを楽しんでいます。「たくさんひろったよ」「赤い葉っぱがあったよ」と言葉のやり取りを楽しんだり保育者やお友達に見せ合ったりする姿が見られました。また落ち葉を手で触る感触や，「クシャクシャ」，「パリッ」と言う音を肌で感じながら自然遊びを楽しんでいる場面があります。このような場面では子どもたち自身が身近な自然と関わり，やってみたい遊びや気になる遊びを楽しんでおり，そのときの子どもたちの笑顔や表情がよくいいなと思いました。また，ひとり遊びを楽しむだけでなくみんなで同じ遊びを同じ場所で楽しむなど子どもたちの中で遊びが様々な形へと展開されていく場面もよかったと思ったため，ドキュメンテーションにこの写真を取り入れました。

ココが見どころ！

ゆうたくんがたくさん拾い集めた落ち葉をバケツに入れ触っている場面があります。この場面では始めはバケツに入っている落ち葉の中に水のみを入れていました。水を入れたときのゆうたくんは「つめた〜い」と言うつぶやきをしていました。水の次に砂を入れていました。すると，「きもちい」「べちゃべちゃ」「おもたい」「先生も持ってみて」など水だけを入れたときとはまた違ったつぶやきや表情が見られました。一つの遊びの中でも，一人ひとり遊び方や感じ方は様々であり，思いもしないつぶやきや表情をするのが子どもたちのおもしろい所だと私は思いました。また他のお友達もゆうたくんの遊びに興味を示し，「わたしもしたい」「ぼくもしたい」という姿が見られました。身近な自然を使った遊びは感触遊びからごっこ遊びへと展開されていきました。

作成のためのアドバイス

私は初めてドキュメンテーションを作成するにあたって「あっているかな」「どんな写真だと保護者や見ている人に伝わるのかな」など不安になることがありました。しかし，子どもたちが楽しんでいる姿や何かに興味をもっている，夢中になっている，チャレンジしようとしている姿などを写真として残し，ドキュメンテーションに活用するよう心がけています。上記のドキュメンテーションにこの写真を選択したのは，子どもたち自身が落ち葉に興味を示し，落ち葉拾いを楽しんだり赤や黄色の葉っぱ，様々な形の葉っぱがあることに気づき，また「気持ちいい」「つめたい」など感触の違いにも子どもたち自身が気づいていたのでこの場面の写真を選択しています。子どもたちは大人たちが思っていることとは違った表情や行動をします。そんな子どもたちのおもしろい姿や不思議な姿を保育者が発見し写真に残すことでより楽しくドキュメンテーションを作成することができ，一人ひとりの育ちのつながりも見えてくると思います。また，子どもたちが実際に活動や遊びを楽しんでいる中で，様々なつぶやきが聞かれると思います。そのつぶやきをそのときだけで終わらすのではなく，子どもたちのつぶやきもドキュメンテーションを作成する際に加えるとより見ている人にも，その場面の様子が伝わると思います。

私は子どもたちが「たのしかった」「またしたい」「〇〇しよう」と子どもたち自身から話してくれるような環境づくりを大切にするようにしています。このような環境を大切にすることで自然と遊びも様々な形へ展開され保育がおもしろいものになっていくと思います。子どもたち一人ひとり感じる思いは様々なので「〇〇でないといけない」ということにとらわれるのではなく，子どもたちらしい表現の仕方等をドキュメンテーションで作成してくことが大切だと思いました。

ドキュメンテーションの活用アイデア

あまり自然物に興味を示す姿が見られなかった子が落ち葉を使った遊びからお花や虫に興味を示す姿が見られるようになりました。「○○見つけたよ」「これなに？」など園庭に落ちている自然物に興味を示すことが増えました。見つけた自然物を使って砂場で，ごっこ遊びに使う子どもたちがいましたが，ご飯づくりをする際に拾った葉っぱや小さな木の枝をのせて遊びに取り入れる子どもたちも見られました。このようなドキュメンテーションでの落ち葉を使った遊びが，その後の戸外での遊びで様々な形へと展開されていきました。 私はドキュメンテーションを通して子どもたちとの関わり方や保育の仕方が変わりました。初めはつい保育者が先に手を加えてしまったり，子どもたちに「○○ができるようにならないといけない……」「○○ができるようになった」など，保育の結果を気にしてしまうことがありました。しかし結果ばかりを重視してしまうことは子どもたちに寄り添った保育にはなっていないのではないか，と保育の仕方や子どもたちへの関わり方について考えたことがあります。ドキュメンテーションを活用するようになり，子どもたちの生き生きとした表情に目を向けてみると，「この子はこのような思いから○○な遊びをしているのかな」「○○な気持ちだからいまは○○をしているのかな」など，なぜ？の部分に気づけなかったこともドキュメンテーションを通して気づいていくことができるようになり次の保育へのイメージもしやすく，考えやすくなりました。また，他の学年のドキュメンテーションを共有することで様々な視点から子どもたちとの関わりについて学んでいくことができ自分自身の保育を見直すきっかけにもなりました。 （山川可純）

おいしいスイカできるかな？

対象児：ゆり組　3歳児　作成者：吉井詩織　作成日：2018年6月28日

ねらい：のりや絵の具を使う中で、手の感触を感じながら製作を楽しむ。

タネいっぱいつけたら
美味しくなるかな？

種ありすぎたら食べるとこな
くなっちゃうな～…

甘いスイカに
な～れ！！

●振り返り

「一の指でダンゴムシさんよね？」「プチプチ柔らかいね」、友達や保育者と言葉を交わしながら、ゆっくり製作の時間に取り組みました。（言葉による伝えあい）（社会生活との関わり）

指でプチプチに絵の具をのせてタネに見立てながら、横一列にタネをつけてみたり、真ん中だけタネをつけてみたり、一人一人が自分好みの美味しいスイカを作りました。（豊かな感性と表現）

また、指で触る感触も楽しみながら、楽しい製作の時間となりました。

今後は黒だけでなく、いろんな色の絵の具を使ったり、5本指でデカルコマニーをしてみたり、製作活動もたくさん取り入れていきたいと思います。

場面選びのポイント

筆を使っての製作ではなく，指を使うことで絵の具の感触を手で感じ，好きな所に色をつけ楽しむ姿が見られ，子どもたちの素直な表情に注目してほしいと思いました。この場面では，「タネいっぱいあったらおいしいかな」「甘いスイカ食べたいな」と，スイカを思い出しながら，ゆっくり丁寧に製作に取り組む姿が見られました。また，個々によってタネを加える量も違うため，一人ひとりが表現しようとする意欲を受けとめて見守った場面です。

このように，子どもが，普段の保育の生活の中で，自ら様々な表現を楽しみ，表現する意欲を発揮している姿がよくわかることから，この場面を選びました。なお，作品に対して楽しく，意欲的に取り組む子どもたちの表情にも注目してほしいと思います。

ココが見どころ！

のりを使う場面では，のりを使う量やつけ方などから会話が進みました。のりの量を聞いた園児は，「今日はゾウさんくらい？」「いっぱいつけていい？」と保育者に尋ね，大胆にのりをつける園児もいれば，「アリさんくらいでつけるね」と，慎重にゆっくりつける園児もいました。また，製作をしていくうちに，「机に置いてしたらやりやすいかも」と気づいた園児を見た他の園児もそれを真似し，クラス全体で気づき考え実行する製作の時間となりました。

タネをつける場面では，スイカの形に合わせ，丸く型取りしたプチプチに，黒色の絵の具でタネをつけました。プチプチ一つひとつに丁寧にタネをつける子どもたち。ですが，一人ひとりタネをつける量も違い，プチプチ全部をタネいっぱいにする園児もいれば，間隔をあけてバランスをとりながらタネをつける園児もおり，この製作をする中で，その子らしい製作に取り組む姿が見られ，楽しい時間となりました。

作成のためのアドバイス

ドキュメンテーションを作成するにあたり，子どもが発言した言葉など，一目で見てわかるよう簡潔にまとめたり，どんな味や形のスイカになってほしいのか，一人ひとりの子どもたちの思いを聞き，「甘いスイカが食べたい!!」と思う子どもたちが多かったので，その願いを言葉にして表すなど，子どもたちの思いを吹き出しにしたりしました。また，プチプチを手で触り，手の感触も感じることができた瞬間や，そのときの表情なども載せました。絵の具を使う作業なので，少人数で保育者と一緒にゆっくりと進めていくことで，一人ひとりが落ち着いて自分の作品と向き合って製作をすることができました。最初は，筆でタネをつけようかな，と提案していましたが，指を使うことで普段知ることのない，表情や言葉など新しい発見もでき，楽しい製作となったのでよかったです。吹き出しの中の色を変えたりすると，より子どもの言葉や姿が身近に感じられます。

写真の３枚目は，完成したスイカを七夕飾りにしたときの写真です。笹の葉に飾られたスイカを見て，「おいしそう！」「食べてみたい」と発言する園児もいたので，そのときの雰囲気や様子も写真として載せると，より子どもたちの姿が身近に感じることができたかなと思います。製作の過程から，完成したスイカの写真まで載せることで，まとまった見やすいドキュメンテーションに仕上がりました。

ドキュメンテーションの活用アイデア

スイカにでんぷんのりをつける場面では，のりをつける面積が多く，子どものペースだと予想外に時間がかかりました。ハチさんくらいのりつけようねと声をかけても，少しずつとりゆっくり丁寧につける子もいて，一人ひとりの性格や細かさに気づいたり，その子のペースにあった声かけや関わりに気づくことができました。このドキュメンテーションの写真を見返すことで，製作に取り組む子どもたちの個性豊かな表情や姿を見て，これらが絶えることのない楽しい，飽きないような製作活動を取り入れていきたいと思いました。また，その日の出来事により週案通りにはいかないこともありましたが，全員が落ち着いて活動に取り組めるような言葉かけから工夫し，急ぐことなく楽しく取り組めるよう配慮していきました。

そして，ドキュメンテーションにも書いていたように，これからの製作にもつながる取り組みを，クラスでもやっていこうと思います。指や足など，体を使って感触を肌で感じ，子どもが楽しかった，またやってみたいと思えるような製作活動を取り入れていきたいと思いました。このドキュメンテーションを通して，これからの保育で，どんな工夫をするとより楽しい製作へとつなげられるか，またやりたいと思えるか，目的をもってクラスでの活動につなげていきたいと思います。（吉井詩織）

3歳児クラス

雨ってふしぎ

対象：すみれ組　作成者：池下桃代
作成日：2018年7月5日

保育のねらい●雨の日の遊びを知り、友達に自分の思いを伝える。

触ると冷たいね！
雨って色々な形が
あるね！

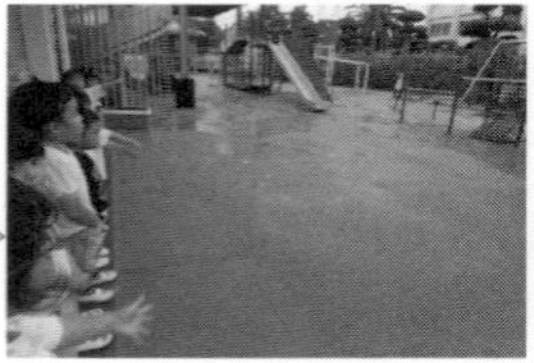

●振り返り

雨がたくさん降った日に、靴箱の前に全員で出て、雨に触れてみました。保育者が「雨ってどんな形かな？」と声をかけると、「まるいのとか、真っ直ぐで大きい雨もあるなあ、屋根から落ちとるのはまるじゃなあ」と考えながら発言する姿が見られました。その後、6月の壁画製作のあじさいの周りに雨を描いてみると「さっきの雨はまるだったけんまるで描いてみよう」や「雨ってクレパスだったら何色で描いたらいいんだろう…透明だから白色かな？」と窓の外を見ながら、考える姿が見られました。（豊かな感性と表現）

自分で気付いたことがあれば、友達に知らせてくれるすみれ組さんですが、雨の絵を描いている時には、自分の思いを友達に上手に伝えきれずに「雨って水色に決まっとる！」と怒って自分の思いを表現する姿も見られました。保育者は、「黄色の屋根から落ちてくる雨は黄色に先生は見えるけどみんなはどうかな？」や「雨の中をじっと見つめてみるとその奥に小学校が見えるから色々な色を使って描いてみてもいいかもね。」と声をかけました。これからも一人一人の思いを大切にしながら、楽しい会話が続く絵画製作をしていきたいと思います。（言葉による伝え合い）

場面選びのポイント

ある日，保護者の方から保育室に飾ってある，子どもたちの絵を見て一言お言葉をくださったときから，これはぜひドキュメンテーションで残しておかなければ！　と思い，この場面を選びました。その一言とは，「先生，どの子もたくさんの色を使ってダイナミックに描いていて，素敵だなと思うんだけど，３歳の子の絵は，何を描いているか私にはあまりわかりません。残念なんだけど，上手だね。と子どもに笑顔で言いにくいです」でした。そのときに，私は，ハッ！　とさせられました。発達の過程には順番があります。それを私は学校で習いましたが，保護者の方は保育のプロではありません。そのときに咄嗟に「お母さん，それはね……」と伝えることもできましたが，絵画製作は本当に奥深いので，保護者の方の思いを受容，共感し，家庭ではどんな絵を描いて過ごしているのかを聞くことにしました。ですが，聞くだけでは，子どもたちにとっての絵画製作の本当の楽しさが，保護者の方に伝わっていないと思い，この場面を選び，ドキュメンテーションで説明することによって，悩みの解決につなげられたらと思い，この題材にしようと決めました。

ココが見どころ！

クラスの靴箱前に出てみて，本物の雨をみんなで見ている写真では，一人ひとりが違う視点から，真剣に雨を観察する姿が見られました。最初は靴箱前に出ること自体を楽しんでいたのですが，次第にあまりにも園庭の方へ行き過ぎると，体全身がずぶ濡れになってしまい，冷たい思いをしてしまった子が「冷たい～風邪ひきそうになったわ～もう屋根あるとこで見るだけにしよ」と言いました。すると周りの子がニコッとして「やっぱり，屋根あるとこで見たら濡れんな♪」と言ってくれました。なので，全員，某アニメの主人公の必殺技のように，手を思いきり，伸びる所まで伸ばして，それでも，雨を少しでも触りたい！　の気持ちが大きく膨らむ，かわいらしい場面を見て欲しいと思いました。そして，絵画製作では，さっき見た自分の景色を思いきり表現するために，紙には入らないくらいの勢いで，集中して雨を描いてくれています。また，隣の友達と話をしながら「雨ってな，マルマルとかぴよ～んって長いのとかあるんで」や「黄色い雨もあったしな！」と喜怒哀楽の感情を伝え合いながら描き進める，家庭ではあまり見られない，真剣な姿も是非，見て欲しいです。

作成のためのアドバイス

ドキュメンテーションを作成する際，一番気をつけていることが，「成長のおもしろさを丁寧に伝える」と言う点です。場面選びのポイントでもあったように，保護者の方に，絵画製作の意義を唱えようとすると具体性もない中では結局，絵を描くという行為は，物や自然を本物のように紙に描くことで，近づけて，上手か下手か，色がたくさん使えているか。の見方で図ってしまい，終わってしまいます。よって，「理解できないです」につながりかねません。ですが，ドキュメンテーションでは，家庭では経験できないことを写真に残して，成長の証として保存できるだけでなく，不安な就学前，小学校ともつながり合っていることをすぐに確認できる，よいツールになっていることを忘れないように作成しています。

ドキュメンテーションの活用アイデア

園では，各学年のクラス担任がドキュメンテーションを配信しています。どの先生がいま，どんな気持ちで保育を行っているのかがわかりやすく，私自身，年少のクラス担任を受けもっていますが，どうしても３歳児の目の前の発達過程に必死になり過ぎてしまうことがあり，心に余裕をもって，保育を行いづらいときに，他学年の楽しそうな表情やおもしろそうな写真の表情を見て，私も次は頑張ってみよう。横のつながりばかり意識していないか，縦のつながりも意識した取り組みをしてみたいな。や，クラスの子たちに無理のないねらいを本当に立てられているのか。など，気持ちが後ろ向きになるのではなく，むしろ，前向きになり，計画を子どもたちのために「立案しなければ」と言う，まるで（簡単そうに聞こえてしまうかもしれませんが）料理のさじ加減のような気分にさせてくれるようにもなりました。

また，10の姿を取り入れた文面も作成でき，私だけがわかるのではなく，保護者の方にも説明しやすく，具体的にドキュメンテーションを前提にした話を展開し，「この姿は，○○で，それは小学校では○○につながっていきますね」と詳しさをもった会話へと広げられるようになりました。すると，以前よりも，「ドキュメンテーション配信されていましたね。見ました」とクラスの保育に対して，保護者の方から，知りたいと思って見てくれている発言が聞かれるようになり，有り難いなと感謝の気持ちを感じるようにもなりました。また，そこから子どもの家庭での育ちも教えてくれるようになり，情報がオープンになったおかげで，家庭での様子も詳しく垣間見えるようになったため，ドキュメンテーションは，誰かのために何かしらの方法で，役立っていると実感できました。そして，保護者の方から声がかかるだけでなく，保育者からも「ドキュメンテーション配信していたと思うのですが，確認していただけましたか？　○○くん，こんな姿を見せてくれたんですよ」と登園，降園の子どもが靴を履いたり脱いだりしている，ちょっとした合間の会話の一部にも盛り込めると思いました。これからもドキュメンテーションを伝わりやすく工夫するだけでなく，１日の保育の見直しを何度もすることで，よりよいものへとつながっていくのではないかと考え直していきたいです。

（池下桃代）

Tシャツを作ろう

●保育のねらい
・絵の具を使って自由に楽しむ。

対象：3歳児すみれ組　作成者：越智あすか
作成日：2017年9月11日

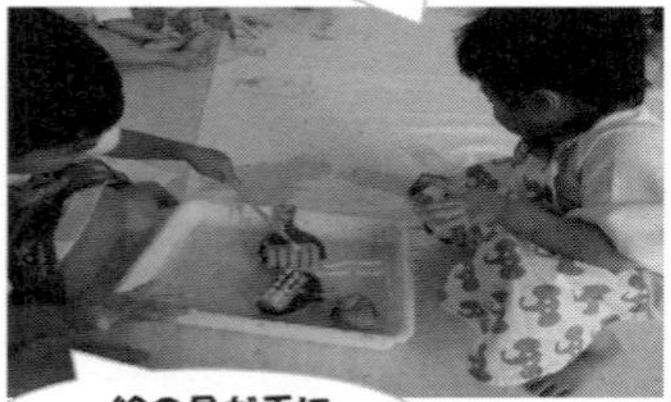
見て！線路みたい！
絵の具が手に ついちゃった～

手形がつくぞ～！！
僕もやってみよう

足でも出来るかな？

●保育の振り返り
たくさんの色の絵の具や画材の中から自由に使いたいものを選び、大きな布やTシャツに思うままに色をのせました。ローラーで描いた線を線路に見立てたり、ブラシや刷毛・細い筆など使った画材によってできる線が違う事にも気付きました。(自立心)手についた絵の具をどうしようか考え、そのままTシャツにつけてみると手形ができ、その様子を見ていた子が真似をする。(共同性)そして今度は足で試してみようとする。(思考力の芽生え)自由に楽しみながらも思考力や想像力は広がっています。

場面選びのポイント

まず，この場面を選んだのは，芸術士の先生をお迎えし，アート活動をしているということを知ってもらいたかったからです。作品展で，幼稚園に隣接する五明院地蔵堂の千体地蔵をオマージュし，『等身大の193体自像』をテーマに取り組みました。この場面は，個人のＴシャツに色や飾りをつける前の過程で，床一面の大きな布に，好きな色の水性ペンキや油性マジックで思いきり絵を描いているところです。

筆やマジックなどの普段から使用している物や，刷毛やローラー，スポンジ，ブラシなどのあまり馴染みのない物など，色々な道具が用意されていました。この大きな布と，様々な道具を初めて目にした子どもたち。「自由に描いていいよ」と声をかけられると，一目散に道具を手にして絵を描き始める子。隅の方に文字を書く子。戸惑ってなかなか行動に移せない子。お友達と仲よくお揃いの絵を描く子。一人ひとり行動は様々です。

その中でも，友達の様子を見て真似をする，そして自分なりに工夫してみるといった展開のある場面をドキュメンテーションにしてみました。

ココが見どころ！

普段の保育では，絵の具等を使う絵画制作の際，服や体があまり汚れないように，無駄使いのないように，など制限をかけてしまいがちです。目の前のことに常に全力の子どもたち。何も制限をすることなく思いきり取り組むことができる機会があると，秘めている無限の力を発揮してくれます。

このドキュメンテーションの見どころは，無邪気に道具を手にして活動に取り組む。そしてお友達の行動を見ていた子が真似をして自分なりに工夫してやってみるというところです。

１枚目の写真は，二人の男の子が初めて目にする道具を手にし，思いのままに色をつけているところです。子どもは好奇心旺盛で初めて見るもの，することに興味津々です。どのように使うのかわからないが手に取って試してみることで，ローラーを転がすと線路のような線が描けた！　と発見がありました。実際に自分で経験することで，楽しさや難しさを知ることができます。とりあえずやってみるという無邪気で積極的な行動が子どもらしく，ぜひ見ていただきたいポイントです。

初めてのアート活動に夢中のそうたくん。気づくと，絵の具が手のひらにベッタリついていました。どうしようと考え，そのままペタッと手形を押してみると，きれいな手の形が映し出され，汚れてしまった手も一つの材料になるんだと気づきました。その様子を見ていたまひとくんは，手だけではなく足でも試してみました。一度友達の真似をして，そして自分はこうしてみようとオリジナルのアイデアを追加します。体中でアートを楽しみ……世界にたったひとつの作品ができ上がりました。

この活動によって無邪気に取り組む子どもらしさが見える一方で，創造性や独創性が自然に身につくと考えています。そして，製作にあたって何を作ろう，何を描こうと考えることによって想像力が豊かになります。また，自由に製作することで自身のオリジナリティーが生まれます。

作成のためのアドバイス

私がドキュメンテーションを作成するときに意識していることは「目で見て簡単にわかるもの」ということです。自分では伝えたいことがわかっていても，それを文字にしてわかりやすく伝えるのはとても難しいことです。私自身言葉選びにはとても苦労しました。しかし，文字の他に写真を入れることによってイメージが湧きやすくなり，その場にいない人にもそのときの状況や表情が簡単に伝えられると感じました。しかし，写真だけではもちろん伝えきれない部分があります。そんなときには吹き出しを使い，子どもたちの発言や思いを一緒に載せるようにしています。言葉はできるだけ短く簡潔に，子どもの発言ははっきりとということを意識することで，伝わりやすい物が完成させられると思います。また，大人である私たちが思いつかないような子どもらしい発想やおもしろい発言のある場面をドキュメンテーションに取り上げると，子どもたちと同じ目線で物事を見ることができ，そのときに感じていた気持ちや思いを改めて感じることができるのではないかと思います。

ドキュメンテーションの活用アイデア

本園では，ドキュメンテーションを作成して，保護者の方へ配信したり，園内に掲示したりしています。そうすることで，わかりやすく園での活動や子どもたちの様子を伝えることができ，保護者の方との会話内容も膨らみます。保護者の方から「配信しているの見ました！」と声をかけてくださることもあり，気にかけて見てくださっているんだなと感じ，やってよかったとやりがいを感じることができました。

また，園内に掲示する場合は，子どもたちが見やすい高さの位置に掲示することで，自然に目に入り，自分や兄弟，友達の写真を見つけて嬉しそうな様子が見られます。「○○ちゃんわらいよるなあ！」「これ○○せんせいかな？」と会話をし，夢中になって食い入るように見ています。かわいい表情で溢れる写真が掲示されている園内は，写真を楽しそうに見る園児と，その様子を温かく見守る保育者たちの優しさで包まれています。（越智あすか）

全身で水遊び！泥遊び！

作成：2018年7月5日
対象：きく組
作成者：薦田莉奈

どろんこたのし～！
気持ちいいな～
柔らかい
ぴちゃぴちゃ
土の匂いするな

ねらい：裸足の気持ちよさを感じ、水たまりに触れて水遊びや泥遊びを楽しむ。
【保育の振り返り】雨上がりの園庭や砂場に水たまりができ、裸足になって楽しみました。(健康な心と体)裸足に抵抗がある子は靴を履いていましたが、スコップで水たまりの水をくんだり、途中から裸足になって遊び始めたりしていました。水たまりの上で寝転んでバタ足をしたり走って水が弾く様子を感じたりしていました。水たまりの底にある泥をスコップですくうと砂遊びの時とは違う質感に気付き、触ったり匂ったり五感で楽しむ様子が見られました。(自然との関わり)(思考力の芽生え)

場面選びのポイント

梅雨の時期で雨天が続いていたこの週は戸外遊びの時間を十分にとることができていませんでした。戸外で走ったり泥団子を作ったりして遊ぶことが大好きな子どもたち，雨上がりには水たまりや湿った土で遊ぶと子どもたちも楽しいだろうなと思い，いつか今回の活動ができればとねらいを事前に考えていました。子どもたちは「今日もお外いけんな～」と残念そうな表情で雨を見つめていました。少しでも雨が止んでくれたら戸外で遊べるのに……と私もあきらめかけていたところ一時的に雨が止んだのです。いましかないと思い，保育者も裸足になって戸外で一緒に遊びました。久々の戸外遊びとお家では難しい大胆な泥水遊びに子どもたちも心身ともにリフレッシュできました。

ココが見どころ！

戸外遊びをすることを伝えると「行けるん⁉　裸足になっていい⁉」と少し興奮した様子で目をキラキラさせる子どもたち。園庭にある砂場には大きな水たまりができており，「すごい！　温泉や！」「大きいなー！　先生も一緒に入ろ！」と大喜びの子どもたち。水たまりの中で寝転び，「気持ちいいな～！」と足を動かしてバタ足をする子，水たまりの中を勢いよく駆け抜けて水をはじかせて遊ぶ子，大きなシャベルで水たまりの底の土をすくい「どろどろ～」と水たまりに土を落としてを繰り返しながら土の質感を楽しんでいる子，裸足は苦手だけど長靴を履いて小さな水たまりを行き来している子など，一人ひとりが雨上がりならではの戸外遊びを楽しむ様子が見られました。普段はなかなか難しい大胆な遊びに夢中になって楽しむ子どもたちの表情は笑顔いっぱいで，友だちとの会話も弾み，保育者も子どもたちと一緒になって楽しむことができました。遊び終わった後も「楽しかったなー！」「体操服めちゃ汚れたわ！」と満足そうな表情に私たち保育者も嬉しい気持ちでいっぱいになりました。

作成のためのアドバイス

今回の活動をドキュメンテーションにした理由は，子どもたちの笑顔が印象的だったからです。最初から作成のために活動した訳ではありませんでした。子どもたちの楽しそうな様子を言葉だけでなく，写真を通して伝えたいと思ったのです。それによって保護者の方々は園での様子をより知ることができ，またご家庭で写真を見ながら子どもと一緒にその活動についての話をするようになったという声を聞きました。楽しんでいるその瞬間を写真に収めることは，なかなか簡単ではありません。カメラの台数は限りがありますので，他のクラスと共有して使っています。保育者間の密な関係性と，保育者も童心に返ったように一緒に楽しむ気持ちがあって素敵な写真を撮影する事ができました。写真だけでなく，子どもたちの純粋で真っ直ぐなかわいいつぶやきにも注目して吹き出しで表現します。子どもたちの感じた事や気づいた事，不思議に思ったことなどそれぞれのシーンによって異なるので写真に合わせて言葉を添えました。

子どもたちの笑顔は，意外な所で生まれたりもします。保育者がたくさん考えて準備した活動よりも，絵の具を自由に塗ったり，おもいきり走ったり，大きな声を出したりとある意味単純でとてもシンプルな方が楽しいと感じると思うのです。行事の準備や製作などすべきこともある中でそれをいかに子どもたちが楽しいと感じられるか，保育者の固定概念で子どもの自由な発想や表現が制限されていないか。ドキュメンテーションを作成していくうちにより自分の保育を見つめ直し，子ども中心の保育を考えるようになりました。そんな保育者の気持ちを保護者の方々に伝える手段としてもドキュメンテーションは役立っています。園での様子だけでなく，私たち保育者がどのようなねらいをもって活動に取り組んでいるかを知ってもらうためにも自分の保育観について考えておくことが大切だと思います。

ドキュメンテーションの活用アイデア

以前まで雨が降ると戸外に遊びに行けず残念がっていた子どもたちでしたが，この活動をして以降は，「大きい水たまりできるかな。また遊びにいきたいな！」と雨の日も少し嬉しそうに喜ぶようになりました。晴れた日にも「裸足でお外行きたい！」とクラスのほとんどの子が裸足になって，水遊びをしたり泥や水たまりを作って感触を楽しんだりして元気いっぱい遊んでいます。保護者の方々も気にかけてくださり着替えをたくさん準備してくださいました。

私自身も自分らしい保育というものを見つけることができたドキュメンテーションとなりました。子どもたちにどんなことを学び感じてほしいか，そのために自分は何ができるだろうか。これからの課題や目標を見出し，より保育を高められるようになると思います。ドキュメンテーションは保護者の方々に向けた物ではありますが，作成する保育者も成長につながることがたくさんあります。次はどんなことをしようか，どんな反応かなとわくわくした楽しむ気持ちは保育者も大切です。保育者が楽しくないと子どもも楽しくありません。楽しいこと以外にも大切なことはもちろんたくさんありますが，私は子どもたちに何でも楽しむ気持ちをもって取り組んで欲しいのです。また子どもたちの自由な表現には惹かれるものがありそれをどう引き出すか保育者の腕が試されると思います。活動を行い，反省や振り返り，そしてドキュメンテーションへとつなげていき，繰り返していくことで自分の保育を見つけ，子どもたちも自分自身も成長へとつながっていくと思います。

（鷹田莉奈）

4歳児クラス

楽しかったみかん狩り！

対象：4歳児　作成日：2017年11月7日
作成者：大石京香

ねらい：秋の自然に触れながらみかん狩りを楽しむ。
地域にあるみかん畑に行って地域の方との交流を深める。

食べてみて〜

おいしいみかんあった？
石川さんが育ててくれたんだよ
もう2個食べたよ
いっぱい食べよう！

秋の自然を感じながらみかん山まで歩いて行きました。（健康な心と体）どんぐりが落ちていたり、草の中の虫を発見しながら歩くのも楽しい時間です。（自然との関わり・生命尊重）自分で取ったみかんは格別おいしく、友達に勧める姿や茎が硬くてハサミで切れない時には友達にみかんを支えてもらって協力して収穫する姿もありました。自分で収穫した喜びやみかんのおいしさを友達と共有する。（協同性、言葉による伝え合い）みかんの房はいくつあるか数えたり、取った数や食べた数を数えることも楽しむ。（数量・図形、文字等への関心・感覚）みかんを育ててくれた石川さんに感謝し「みかん甘いよ」「たくさん食べたよ」と地域の方との関わりも見られました。

場面選びのポイント

年中さんになると，毎年秋にみかん狩りに行きます。子どもたちは歩いて，幼稚園の近くにあるみかん畑まで向かいます。年少さんの頃からお兄さん，お姉さんがみかん狩りに行っている姿を見て，「年中さんになったら行けるんよな？」「早く行きたいよね」という声が聞かれ，ずっと楽しみにしている姿がありました。

みかん狩り当日，大きな袋を持って来て「甘いみかんが食べたい」「大きいみかんをたくさん取る！」と友達同士で，笑顔で話し合っている姿や，はりきっている姿，様々な子どもたちの姿がありました。また，地域の方との温かい雰囲気の中で，みかん狩りを楽しめている姿がとても印象に残ったので，この場面を選びました。

ココが見どころ！

待ちに待ったみかん狩りの日，前日は少し不安な天気でしたが，子どもたちの元気とパワーできれいな秋晴れとなりました。「秋の自然に触れ合いながらみかん狩りを楽しむ。地域にあるみかん畑に行って地域の方との交流を深める」というねらいをもってみかん狩りに出発！　友達と手をつないでみかん畑までみんなでお散歩。森の中の道中にはどんぐりや栗，まつぼっくり，落ち葉も落ちていて，「あっ！　見つけた！」と落ちている物を拾ったり，「探検隊だ！　出発進行ー！」と友達や保育者との会話を楽しみながら秋の自然にたくさん触れて，散歩を楽しんでいました。

会話も弾んで森の中を抜けると大きな緑色の木，たくさんのオレンジ色のみかんがなっていて「うわー早くみかんが食べたい！」と幼稚園に来て，初めて見るみかん畑に目をキラキラ輝かせていた子どもたち。到着したみかん畑は，空気の流れがゆっくりに感じました。みかん農家の石川さんにみんなで挨拶をし，みかんの収穫の仕方やおいしい見分け方のお話をして下さった後に，お手伝いをしてくれる保護者の方や，石川さん，いつもお世話になっている方との地域交流の中で，石川さんのみかんを大切に育てている思いを受け止めながら，一つひとつ大事にみんなで収穫をしました。みかん畑のみかんを目の前にして，手当たり次第に取る姿，「どれがおいしいかなあ」とじっくり考えている姿，はさみを持つ子，袋を持つ子に分かれて共同作業をして助け合っている姿，様々な姿が見られたことにおもしろさを感じました。収穫しているとき，「このみかんはオレンジ色やけん甘そう」「こっちのみかんはちょっと緑やけん酸っぱいんかな？」と話し合っている姿に「食べてみて感想を聞かせて？」と保育者が言うとみかんを一口「ぱくっ」。「オレンジ色のみかんは甘い！」「緑色のみかんは酸っぱい！」という発見をすることができ，自分たちで慎重に見極めながら収穫して，甘かったみかんを友達にすすめている姿や，口の中に「はいっ」と入れてあげている姿もあり，みんなで分け合いながら嬉しそうな表情で食べていました。また，みかんは簡単に取れると思っていたが，茎が硬くてなかなか取れないという体験もし，友達と協力して引っ張ってみたり，どうやったら取れるか考えてみたり，収穫することは簡単ではないことを学びました。「こんなにいっぱい取ったよ！」と自分で取ったみかんを誇らしげに見せ合う子どもたち。袋いっぱいに詰め込んだみかんをリュックに入れて，帰りも少し重くなった荷物を大事に背負って帰りました。初めて行ったみかん狩りはとても楽しい思い出になり，「おいしいみかんだった」「また行きたい」と次の日も楽しかったことを友達同士や保育者と話をする日が続き，子どもたちにとても印象に残った日となったことを感じました。

子どもたちにとってただ楽しかったという経験ではなく，みかん狩りという行事を通して石川さんのみかんを大切に育てている思いや，実際に石川さんの育てているみかんを収穫させてもらった体験は，子どもたちの心を豊かにし，友達と考えながら協力する姿にたくましい成長を感じた貴重な１日でもありました。

作成のためのアドバイス

私がドキュメンテーションを作っていて，大事にしていることは，普段の子どもたちの姿をありのままに見てもらえるように作成することです。写真を撮るときもさりげなくカメラを手にして，子どもたちの自然な姿が撮れるように心がけています。写真を撮ることで，活動の様子を残すことができ，また，写真を見返すと子どもたちの表情や活動している姿を見返すことができ，そこから子どもたちの視点を考えながら，私自身も写真で活動している様子を見て，振り返り・反省することができ，以前よりも自分自身の保育をしっかりと振り返り，反省を活かした保育につなげています。また，子どもたちからの「次はこんな活動をしたい！」「こんな物も使ってみたい」という発信をしっかりと受け止め，次に活動するときには準備をし，発展させて遊びが広がるようにしています。活動の準備も子どもたちの発達や，いま興味があるもの等，自分の体験したことにつなげていけるような活動を考えています。

最初にドキュメンテーションを作成したときに，少し戸惑ったことは，写真選びです。子どもたちのどのような姿を写真の中から選んだらよいのかということに戸惑いました。作成していく中で，子どもたちの生き生きとしている写真，楽しそうに活動している様子を保護者の方に伝えたいという思いがあり，そのような写真を選ぶようになりました。

ドキュメンテーションの活用アイデア

ドキュメンテーションを保護者の方に配信するようになってから，お迎えに来られたときに，「こんな活動をしているんですね！」「楽しそうにしている様子に安心しました」とコミュニケーションを取りやすくなってきたと感じています。保護者との会話を広げたり深めたりするために，ドキュメンテーションを活用しています。

（大石京香）

4 歳児クラス

あきらめずに続けた後の達成感

●保育のねらい　　　　　　　　　　対象児：4歳児　作成者：宮崎真季　作成日：2018年3月2日

・楽器を演奏する楽しさ、心地よさを感じる。
・出来るようになった嬉しさや達成感を味わう。

●保育の振り返り

最初は息を吹くことから指の動きまで難しいことだらけで不安な様子が見られたが、2学期の音楽会を終えるとみんなで力を合わせて演奏する楽しさや達成感を味わい、練習にも積極的になった。弾けるようになった曲を難しいなと感じている友達に音階を言ったり、指で場所を教えてあげたりする姿がありました（協同性・言葉による伝え合い）。友達が合格すると「僕も合格したい！」とお互いを刺激し合いながら練習に取り組めていました（自立心）。楽譜をよく見て「ド、ミ、ミ…」とゆっくり指でなぞりながら考えて取り組む姿が見られました（思考力の芽生え）。弾けるようになった曲を「いっせいの一で」と数名で演奏するのも今では楽しい遊びの一つとなっています。

場面選びのポイント

年中クラスになり１学期から鍵盤ハーモニカに触れ，自分で音を鳴らす楽しさを味わってきました。最初は「難しい」となかなか進まない様子でしたが，「弾けるようになりたい」という子どもたちの気持ちも見られ，周りの友達に刺激を貰いながら取り組んでいました。一人ひとりと丁寧に関わる事を大切にしていくと徐々に自信をつけていった子どもたち。年中児後半になると音階や指番号なども身についてくる子も多く，楽しさが倍増し，難しい曲も弾けるようになるために挑戦する姿がありました。またできるようになった喜びを子どもたち同士で味わう姿がとても微笑ましかったです。

保育者は子どもたちのコツコツと取り組む姿やあきらめない姿に感動かつ嬉しさを感じ，３学期に１年間の成長を保護者の方にも伝えたいと思い，このドキュメンテーションを作成しようとしました。

ココが見どころ！

このドキュメンテーションには２人の園児が写っています。

男児は写真に写っているこの楽譜を達成しようと時間を見つけてはコツコツと取り組む姿が見られます。弾いている場所がわからなくならないように指で音符を押さえて，ゆっくりと音や指番号を確認しながら弾いていました。リズムにのせて弾くのは難しそうでしたが，ゆっくり男児のペースで間違えずに弾けたときは大変喜んでいて男児にとって嬉しい時間となり自信にもつながりました。

女児は保育者に見守られることで難しくても最後まであきらめない姿が見られました。「先生！　こっち来て見よってよ。がんばってみるな」と自分から挑戦しようとする姿があります。少し自信のない女児は一つひとつ保育者に音階や鍵盤の場所を確認していて，女児にとっては大事な時間となっていました。保育者は女児の質問に丁寧に答える時間を大切にすることで，女児は疑問を解決しながらゆっくりと鍵盤ハーモニカの楽しさを感じることができました。

このようなあきらめない子どもたちのキラキラした姿に注目してもらいたいドキュメンテーションです。

最後に鍵盤ハーモニカの楽しさや達成感を味わうきっかけとなった音楽会の様子をご覧ください。音楽会後，子どもたちの鍵盤ハーモニカに対する意欲が倍増しました。

作成のためのアドバイス

最初にどのようなドキュメンテーションを作ろうかと悩むことがあると思います。しかし特別な物にしようと思わなくてよいのです。日々の取り組みや子どもたちの姿を写真として納め，どのように過ごしてきたのかを簡潔に書くだけのことです。私は年中組を担任させて頂いて，この１年間でいままでの保育が子どもたちにとってどのような成長につながったのかを考え，鍵盤ハーモニカの取り組みをテーマにしようと選びました。鍵盤ハーモニカを弾くことは一時期の取り組みではなく年間を通して行ってきた取り組みだったので，印象強く感じたことと，子どもたちの成長を心と目で感じることができたことがきっかけでした。

日々のちょっとした成長，嬉しかったこと，かわいかったことなど毎日の生活で感じることはたくさんあります。その場面を切り取り，第三者にも伝えられるように写真や吹き出しをつけてわかりやすく作成してみてはいかがでしょうか。作っていくうちにその場面を思い出して楽しくなるかもしれませんよ。

ドキュメンテーションの活用アイデア

ドキュメンテーションを作成することで保護者の方にわかりやすく子どもたちの日々の様子を伝えられる事が一番の利点だと思います。保護者の方にお迎え時や連絡ノートで様子を伝えることはどの園でも大切にしていることです。しかし言葉では表情や気づきをうまく伝えることって難しいですよね。ドキュメンテーションを見ていただくことで保育者の言っていたことが写真と一致してわかりやすく感じたり，家庭でも写真を見て子どもたちとの会話を楽しんだりできると思います。

また作成する保育者側にも利点はあり，日々の保育の振り返りができたり，ふとした瞬間の子どもたちの表情を写真で気づけたりすることができます。「幼児期の終わりまでに育ってほしい10の姿」は頭ではわかっていますが日々の保育をしながら考える時間はあまりないと思います。私たちは作成時に「10の姿」も文章に取り入れようと決め，実践をすると，十分にできている育ちや，足りない育ちを知ることができました。足りない育ちは今後の保育で取り入れようと計画することができたり，自分の保育の成長にもつながったりできます。また慌ただしく過ぎる１日の中で気づけなかった子どもたちのかわいかったり，おもしろかったり，ビックリしたりしている表情を写真で見つけるのも私のドキュメンテーションを作成する中での１つの楽しみとなっています。

（宮崎真季）

年中・年長クラス

「次に使う人も、嬉しいね」

対象：年中・年長児　作成者：廣瀬未奈・小城亜矢子　作成日：2018年6月13日

●保育のねらい
・共有物の使い方、ルールの大切さを学ぶ
・他者が心地よいと感じるようにふるまう

●保育の振り返り

５つの目標でも重視されている＜人権＞とはどのようなものだと子どもたちはとらえているのでしょうか。どうやって学んでいくのでしょうか。その１つのきっかけが、他者に対する配慮ではないかと思い、本園ではみんなで使うものの使い方やルールを自然と身につけていくような保育を目指しています。

たとえば、保育者が声をかけたり一緒に揃えたりするうちに、自分で脱ぐ時に振り返って直す姿が次第にみられるようになります。単にスリッパの枠をつくるだけではなく、なぜスリッパが整っているとよいのかを自分たちで考えてもらうような環境を用意しています。「きれいだね」、「ありがとう」と気持ちよく揃ったスリッパに友達が感謝してくれることで、その意味がわかってきます。（協同性、道徳性）　今では、保育者が声をかけなくても他のスリッパも揃えられるようになりました。

次は、片付ける、整えることの意味がわかってきたことを踏まえて、どうしたらもっとよい片付けや整理になるか違う環境を通じて考える保育をしてみようと思います。

場面選びのポイント

四国中央市全体で取り組んでいる，市民一人ひとりの人権教育の心を育てるための５つの目標。私たちの園では子どもの発達に合わせてわかりやすく伝え，子どもたちと一緒に取り組んでいます。写真１枚目は四国中央市が作成した「５つの目標」についての寸劇や事例紹介の DVD を鑑賞しているところです。このドキュメンテーションはその中の一つで，見てわかりやすいはきものをそろえている場面を選びました。脱ぐときに次の人がはきやすいように後ろを向いて脱いだり，人の分までそろえていたりする姿が，誰かが見ているからとか褒められたいからという感じではなく自然に行動できているところに子どもたちの育ちを感じたのでドキュメンテーションにしました。

ココが見どころ！

４枚目の写真は年長児でトイレの掲示物を作成している様子です。「紙が貼ってあったらそろえれるかも……」という言葉を引き出せるよう保育者が働きかけて始まったこの活動ですが，すぐに子どもたちから主体的なアイデアや表現がうまれていきました。「なんて書こう」「文字の大きさは，大・中・小どれがいい？」「絵も描こ！」と友達同士でいろんなやり取りをしながら進めていくことができました。「スリッパ持ってこよか？」「小さい子が好きな絵描いたらええかも」などといった提案もどんどん飛び出し，年長児らしさや成長を感じる場面がいっぱいでした。完成して終わりでなく，子どもたちから「みんなで貼りに行こう」「どこに貼る？」という言葉も聞かれ，責任感をもって最後まで取り組む力もついてきているのだと感じ嬉しくなりました。

作成した翌日には，登園してすぐに「そろっとるか見てこよ」と確認しに行く子の姿も……。 子どもの素直さに力をもらうことがいっぱいです！

作成のためのアドバイス

このドキュメンテーションの題名は子どものつぶやきからつけました。脱いだはきものをそろえるように保育者が声をかけ続ければそれは習慣化します。しかし子どもの育ちにおいて着目したいのは，脱いだはきものをそろえられるかではなく，どうしてそうするのかに気づけるかどうかです。「きれいだね」「ありがとう」との子どもたちのやり取りから，人に感謝されるということはどういうことなのか，子どもたちが感じ取っていることが見えました。そしてこのとき，年長女児が「こんなにきれいにそろっとったら，次に使う人も嬉しいやろなあ」とつぶやいたことが，なんて素敵な感性なんだろうと思ったので題名にしました。

私がドキュメンテーションを作るときには，その場の雰囲気や情景を保護者の方が見てわかりやすいように，子どもの発言や気づきを載せるようにしています。写真があるとイメージは湧きやすいのですが，写真だけでは子どもたちがいまどんなことを思ったのか，子ども同士のどういったやり取りがあってそうなったのかがわかりにくいときがあります。それに，いつもカメラを持ち歩いてはいないので，「この場面！」「この瞬間!!」に写真に収められないときがあります。そんなときは，保育の振り返りに文章で載せています。ドキュメンテーションを作成しているとどうしても写真に撮った場面がメインになってしまいますが，写真がないところでも子どもたちは自分なりに考え，試し，挑戦し，そして友達と協力しています。友達の存在があるからこその気づきや充実感もあります。私はそういった場面も逃さずに伝えたいと思っています。

ドキュメンテーションの活用アイデア

“習慣づく”ことの難しさや悩みなど，いろんな思いを保護者と共有しながら５つの目標に取り組んできました。進級当初は保護者から気になることやできていないことに関する情報をもらうことが多かったのですが，園での様子や成長を感じることなどこちらからもたくさん情報を発信していくうちに保護者の声に変化が見られるようになりました。嬉しかったことや小さな成長を喜ぶ声などが増えていったのです。その中でも特に嬉しかったのは「私も一緒に頑張っていこうと思います」「家族みんなで続けていきます！」という言葉です。子どもに頑張ってもらいたいというだけでなく，一緒に……という気持ちは私自身も常に大事にしていることなので，同じ思いをもってもらえたことに胸がいっぱいになりました。子育ての大変さを受け止めながらも子ども一人ひとりの存在がどれだけ魅力的かを伝えることを心がけ，手紙を書いたり直接話をしたりしていますが，伝え方に悩むことも多々あります。そんなときドキュメンテーションにして発信することで伝わることや保育者・園との共通理解につながり保護者との連携が進んでいくことがあると思うので，今後もどんどん活用し保護者対応力を高めていきたいです！

また，今回掲示物を作成したことで年長児が下の学年の子どもたちや普段あまり使わないトイレのスリッパまで気にかけるようになっていきました。この嬉しい変化を受け，異年齢の子どもたちが育ち合う環境づくりをもっと考えていく必要があると感じ，保育の内容を見直し，改善していくきっかけにもなりました。目の前の子どもの様子や活動・遊びの発展に応じて，柔軟に対応することは簡単ではないですが，日々の省察なくして明日への保育へ継続的につないでいくことはできません。ドキュメンテーションには，“園児理解を深める情報源となる”“保育の振り返りとなり保育者の質向上につながる”という効果もあるので，本園流の取り組み方を探求し続けながら相互に高め合い，学びを深めていきたいと思います。

（廣瀬未奈・小城亜矢子）

大きな葉を探しに行き、感じたこと

対象:5歳児　作成者:進藤早苗・石津由香　作成日:2017年6月14日

保育のねらい

・保育者や友達とお寺の散策を楽しみ、いろいろな植物に気づく。

・自分で見た自然の不思議や発見に親しみを持ち遊びに取り入れる。

保育の振り返り

副園長先生が持って来てくれた大きな葉っぱ。芭蕉の葉(和製バナナ)というそうで、こんなに大きな葉っぱを見るのは初めて！と思わず保育室から飛び出てきた大喜びのこどもたち。(自然との関わり・生命尊重、豊かな感性と表現)。どんなふうに生えている？どこにある？と疑問に感じていたところ‥お寺の裏にあるということで、みんなで見せてもらいました。園長先生が案内してくれました。縦に長く生えていることもびっくり！もう少し暖かくなったらバナナのような実がなるそうで、バナナと聞いてとても嬉しそうな表情をしている子どもたちでした。葉っぱを見た後は、お庭を散策させていただき、だるまちゃんの絵本にでてくる葉っぱを見つけたり、手でこするとカエルの鳴き声がする葉っぱもあり園庭とは違う世界に興味いっぱいでした！

場面選びのポイント

この日は絵画製作をしていました。ふと保育室から廊下を見ると，副園長先生がちょうど職員室からでてきたところでした。手には子どもたちの背くらいある大きな葉っぱを持っています。保育者が気づき，「見てごらん！」と声をかけると思わず，子どもたちは保育室を飛び出していきました。いままでこんな大きな葉っぱをみたことがなく，どの子も驚きと嬉しい気持ちでいっぱいのようでした。「これはなに？」「葉っぱかな？」「大きすぎだろ」とたくさんの疑問でてきました。

副園長先生が，「芭蕉の葉というんだよ」と教えてくれました。

「どこにあった？」「お寺の裏にあるよ」と教えてくれたので，その日はこの大きな葉っぱの話題で持ち切りでした。

葉っぱをいただいたので，大きなお皿に見立てたり，葉っぱのトンネルを作って遊んでみました。遊んでいると葉っぱの繊維がたくさんあるので，すぐにボロボロになってしまうのに，茎がしっかりしているのでなかなか破けないことにもびっくり！

芭蕉の葉が気に入り，後日みんなで見に行ってきたときのドキュメンテーションです。

ココが見どころ！

園長先生の後ろに続いて，お寺の庭を散策しました。上を見上げると子どもたちの背くらいある大きな葉っぱ。縦に葉っぱが生えていることにもびっくり！　お寺の庭はたくさんの植物でいっぱいです。だるまちゃんの絵本に出てくる葉っぱを見つけました。手でこすると，何かの声に似ている……??「カエルだ！」と次々に子どもたちから声が聞こえてきました。

いつもの園庭とは違う雰囲気にも興味津々でした。池には鯉がいて，蓮の葉っぱや花も浮かんでいました。保育者は，みんなが池におちてしまわないかヒヤヒヤしましたが，子どもたちは怖がることもせず園長先生に続きどんどん進みます。園長先生が，手をパンパンと叩くと鯉がご飯をもらえると思い寄ってきました。子どもたちがどんどん真似してパンパンと，何回も何回も叩きますが，大人が叩く手の音より小さい音でしたが，みんなで叩くことによって，音が大人が一人で手を叩くより大きな音となり鯉は寄ってきてくれました。

作成のためのアドバイス

ドキュメンテーションの作成にあたり，うまく作れずこれでよいのか？と悩むことが多くありましたが，作成していく中で色々な形があってもいいのかなと感じるようになり気楽に作ることができるようになってきました。

私がドキュメンテーションを作成するときに気をつけたことは，子どもたちの会話やつぶやきを大切にしたことです。これは写真を選ぶときの参考にもなると思います。写真は，保育をする先生に撮ってもらっていたので，子どもたちのそのときの表情を大切にすることもできました。

ドキュメンテーションの活用アイデア

このドキュメンテーションを通して私はその後，クラス活動で，葉っぱを使って遊ぶことにしました。見ているだけでもすごい大きな葉っぱなのですが子どもたちから「この葉っぱって人は乗れるんかな？」「船にしてみよや」と子どもたちからの声で遊びが発展していきました。最初「こんな大きい葉っぱどこで浮かせたらえん？」「こんな大きいのどこにも入れれんよ」と言う子どももいて，どこで遊べばいいのかわからない様子でした。子どもたち同士で話し合っているなか「プールは？」と言ってくれた子がいました。その後はプールに葉っぱを運び，浮かせてみたり，乗っても大丈夫か確認のためおもちゃを乗せてみたりして楽しんでいました。いざ子どもが乗るとなると楽しくなり勢いよく乗ってあっという間に沈んでしまいました。沈んだ原因としては子どもたちの体重では浮くことは無理だからなのですが，子どもたちは「なんでだっ！」と言う表情で葉っぱに穴が開いていないか，ちぎれていないかなどを確認していました。子どもたちの中ではちぎれたり，破けたりする＝壊れて浮かなくなると考えたようで「そーっと乗らないかんな」と言っていました。

活動から見えた子どもたちの様子は遊びを発展させる楽しさや，物に対して（葉っぱ）大切に扱わないと遊べなくなるということ，壊れてしまうことがわかった様子でした。また活動中の子どもたちのアイデアを遊びに取り入れることで子どもの姿がいつも以上に輝き，生き生きとした様子も見られました。自分たちで学ぼうとする姿も見られ，たくさんの成長につながっていくと思います。

（進藤早苗・石津由香）

ふわふわことばって魔法のことばだね

対象児：年長　作成日：2017年11月17日
作成者：山川大地

ねらい：近隣の小学校の授業を保育者と一緒に体験する。
自分の行動をふり返り、相手の立場になって気持ちを考える。

保育のふり返り

金生第一小学校1年竹組の佐藤みそら先生による道徳の授業を受けました。『あんなになかよしだったのに』という絵本を読んで、その登場人物（動物）の気持ちを考えました。絵本の中での「よわむし」「へたたな」「もうあそばない」「ふざけていっただけ」といった友達に辛い・悲しい・嫌な気持ちにさせてしまう＜ちくちくことば＞はどういう風に言いかえれば、嬉しい気持ち＜ふわふわことば＞になるのかみんなで考えました。手を挙げて発表したり、お面をつけて役になりきり、自分だったらどう言うか演じたりする中で、普段の自分の姿をふり返ったりもしました。子どもたちなりに相手を思いやる言葉（「一緒にしよう」「ゆっくりでいいよ」「わけてあげるね」等）がいくつも聞かれ、保育者も優しい気持ちになりました。クラスに戻ってからも、「ふわふわことばって魔法のことばじゃなあ。だってみんなと仲良くなれるもん」と笑顔で話す子どもたち。ふわふわことばがあふれるといいですね。（言葉による伝え合い）

場面選びのポイント

軽い言葉が相手を傷つけること，ありますよね。そしてそれに当人は気づかない。そんな何気ない日常によく目や耳にする言葉だったり行動だったりを振り返り，これからの生活につなげようと，小学校の先生を招いて授業を開きました。１冊の道徳の絵本を通して子どもたちが素直に感じたことを積極的に発言している写真３枚をピックアップしてみました。日頃から年長児クラスでは，自分の意思を伝える発表の場を設けたり，相手の気持ちを考えられる，思いやりのある心がもてるような声かけをしています。そこで，普段の自分たちの生活と絵本の世界を照らし合わせながら，自分だったらどうするのか，悲しんでいる友達にどんな声をかけられるのかなど，想像しながら自分の意見を発表しました。たくさんの人がいる中でも，絵本の内容に興味をもち小学校の先生の問いかけに対して自分の言葉で伝えようとする姿が多く見られました。

その中で，発表をしている友達の方を見て話を聞き，「ほんまじゃな」「そうかもしれんな」と共感する子どもたちの様子も見ることができました。話を聞くときは相手の顔をしっかりと見て聞くといったメリハリもつけて参加する姿勢が随所に見られました。

さらに，普段人前に出ることが恥ずかしい子も自分の気持ちを伝えようと手を挙げて自分の言葉で発言する姿もありました。大勢の前が苦手な子にとっても今回の授業，そして，その場の空気の温かさに，自然と手が挙がり発表しやすい環境になっていたことが素晴らしいなと感じました。

ココが見どころ！

１番の見どころは，『あんなになかよしだったのに…』（作・絵　かさいまり）という道徳の絵本を通して子どもたちが興味をもち積極的に挙手をし，緊張しながらも自分の意見を伝えているところです。授業では，場面ごとに出てくる相手を嫌な気持ちにさせてしまう〈ちくちく言葉〉をどう言い換えれば，相手が嬉しくなる〈ふわふわ言葉〉になるかをみんなで考えました。お面をつけ，役になり切って「全部あげるよ」「半分こしよ」「一緒にやってみよ」と友達を思う優しい言葉をたくさん聞くことができました。発表に対しても，「僕もたくやくんと同じだった」「こころちゃん優しいな」と共感する心温まる声もたくさん聞くことができました。

たまたまふざけて言ってしまった言葉が友達の心を傷つけてしまう。相手が傷ついたとわかって考え気づいて行動することの大切さや，強がってなかなか素直に言うことができない「ごめんね」も，ずっと仲よしのためには必要なことだと感じた年長児でした。

また，子どもたちだけでなく保育者も一緒に参加することで，普段子どもたちに対して使っている言葉であったり，子どもたちが遊んでいるときに使っている言葉遣いを考え直したり，自分自身の保育を振り返るよい機会にもなりました。言葉には，人を喜ばせたり元気にすることができる一方で，間違えると人を傷つけ悲しませてしまう。そして，一度口にしてしまった言葉はもう元には戻せない。言葉のすれ違いで，一生の友達を失ったり二度と会えなくなるかもしれない。そういったことにならないよう，子どもたちへの声かけや友達との関わり方を丁寧にしていきたいと感じました。

作成のためのアドバイス

私がドキュメンテーションを作成するにあたって難しかった所は，伝えたいことを文字に起こすことでした。なぜかと言うと，子どもたちの活動内容を知ってもらうにあたって伝えたいことがたくさんあるからです。「この写真にはこういう思いがあって……」「この写真の後こういった展開があって……」と伝えたい情報が多くある中から言葉を厳選するのは難しかったです。

また，日常の保育の中で以前よりメモを取る機会が自然と増えました。子どもたちの様子や発言により耳を傾けるようになり，ドキュメンテーションを作成する上で，「こんなおもしろい発言してたな」「このときのみんなの反応よかったな」と楽しく保育を振り返りながら編集することができます。

ドキュメンテーションの活用アイデア

私が，ドキュメンテーションを作成して感じたことは，週案とはまた違った記録の残り方で保育の振り返りができることです。写真や文字で子どもたちの活動を記録することで，１つの活動に対してどういう風に展開されたかがわかり，次の活動に向けての参考になったり改善点にもつながるからです。「なぜこの活動を選んだのか」「この活動から子どもたちは何を得られるのか」など次につながる活動，保育の連続性を考えることができ，より内容のある保育を進めることができます。

また，保護者の方に子どもたちの日々の活動を知ってもらうためだけでなく，金生幼稚園がどういったところであるかということも知ってもらうことができ，より幼稚園との信頼関係にも結びつく１つのツールではないかなと感じました。（山川大地）

茶道参観日

対象:5歳児　作成日:2018年2月21日　作成者:進藤早苗

保育のねらい

・来てくれた人が楽しめるよう、保育者や友達と心を込めた関わりをする。

保育の振り返り

ドキドキしながら迎えた茶道参観日当日。並んでお運びする姿からも緊張が伝わってきます。おうちの方が、ニコニコ笑顔で見守ってくれることが励みになり、喜んで頂けるようおもてなしをしました。(社会生活との関わり)。この日を心待ちに、作法の活動で、友達や保育者と協力し準備をしてきた子どもたち。

ドキドキしながらも堂々お運びする姿が見られました。作法の活動を始めたばかりの時は、姿勢を正すよう保育者や先生から声をかけることが多くありましたが、作法に従って身をこなすと無理なく自然と良い姿勢が保てることや物事にはそれぞれに適した作法ややり方があることを茶道を通じて学んだようです。(健康な心と体)。

場面選びのポイント

年長に進級したときより取り組んできた茶道の活動。いままでの活動の姿を大好きなおうちの人に見ていただく日。

参観日は，いままで子どもたちが取り組んできた茶道を通して日本の伝統文化を伝える日です。茶道の活動では，お茶の先生より作法の仕方や和室での振る舞い方を教えていただいています。初めは，畳の歩き方やお辞儀の仕方を中心に教えていただきました。背筋を伸ばし姿勢を保つことも難しく，足が崩れたりし，子どもたちも戸惑っている様子でした。主体的に動くというより，やり方を覚える事にいっぱいになっている姿が多くありました。9月にお母さん方の茶道サークルを見学させていただく機会があり，お寺に行きました。そこには本物のお茶のお道具とお菓子がありました。子どもたちがお道具を手に取って触ることもできました。実際に触ってみることで，「この道具は何のときに使うのか？」「どういう風に使うのか？」という疑問にぶつかり，子どもたちが自分で疑問を質問し，自分自身で理解しようとする姿が見られました。

そして初めて入るお寺の和室。いつもの活動のとき歩いていたのはござの上。畳の上を歩くと靴下がキュッキュッとこすれてしまう音が出ることにも気づきました。音をならさないためにはどうやって歩いたらいいのかな？と新たな疑問に気づきました。

10月，今度は自分たちでお茶を淹れてみました。お抹茶は“つ”の字を書くようにすくいとること。茶筅は優しくかき混ぜ，心の中で優しい気持ちでかき混ぜることを教わりました。

茶道というと固苦しい，難しいイメージがありましたが，少しずつ子どもたちの意識が変わってきました。「今日は何のお菓子？」「お茶飲む？」と楽しみや期待に満ちてきました。お稽古をはじめた当初は，たくさんの決まりや約束事があることに戸惑い，体が固くなってしまった子どもたちでした。何回も活動していくうちに姿勢がよくなり，保育者に言われなくても自分で気づいて姿勢を正している姿が多く見られました。そんな姿を近くでみてきたからこそ，子どもたちの意欲や最後まで頑張る気持ちを伝えたいとこの場面を選びました。

ココが見どころ！

お稽古だけではなく，おもてなしの準備も進めていきました。来てくれるお家のかたに楽しんでもらえるように心を込めて，招待状を作り，自分がお運びする席番と順番，来てくれる方の続柄を自分で書きました。またお茶室には掛け軸があるので，みんなの作品があったら素敵だなと子どもたちと話し合いました。子どもたちが自分でできることは何か？　と一緒に考え，自分の名前を書いてみよう！　ということになりました。せっかくなので筆を使ってみようと書初めをしました。園長先生に筆や墨の使い方を教わり，大胆にスラスラ～と筆を走らせる子。ドキドキしながらゆっくり書く子。紙も，コピー用紙，再生紙，半紙といった色んな紙を使い，絵や字を書くことを楽しみました。満足いくまで書いた後は，色鮮やかに染めた紙に清書しました。

作成のためのアドバイス

ドキュメンテーションを作成するにあたって，私は初めはどのようにしたらいいか全然わからずにいました。ちょっと構えてしまったり，難しく考えてしまっていたようです。何回か作成することで，保育の振り返りがとても楽しみになりました。10の姿のどの部分にあたっているか？　子どもたちは，こんな表情をしていたんだ，友達同士の関わりや違う視点からの気づきもあり，次回の保育への課題も見つけることができると思います。

ドキュメンテーションの活用アイデア

ドキュメンテーションの作成により，保育の振り返りがより楽しみになりました。子どもたちの様子を保護者の方に伝える手段にもなり，個人懇談等でお話するだけでなく，目で見ることで保育をより丁寧に伝えることができるのではないかと感じました。当園には，廊下や保育室にも掲示しています。園全体で見れるような環境になっているので，ドキュメンテーションをいつも見られることが楽しいなと感じています。　（進藤早苗）

何の木だったのかな？

対象:5歳児　作成者:石津由香・廣瀬未奈　作成日：2018年3月26日

●保育のねらい

・身近な動植物に興味や関心をもち、触れたり愛情をもって世話をする。

最後に、いちょうの木だということに気づいた子どもたち。銀杏の実を探す遊びが始まりました。

場面選びのポイント

幼稚園の門に植えてあった大きなイチョウの木。秋になると銀杏を拾ったり，葉っぱを拾ったりして子どもたちは楽しんでいました。そんな馴染みのある木がなくなっていたときの子どもの反応やつぶやきはどんな感じなのだろうと思い，この場面を選びました。子どもたちが木を見た時期は，木のシンボルであるイチョウの葉っぱはありません。枝しかない状態の木をみてどう興味をもつか，どんな反応をするかを見てみたいと思いました。

普段の保育の中で植物や季節を通して遊んだり，触れ合って遊んでいるときの子どもたちのつぶやきは多く，様々な声が聞かれます。保育者にはない発想や思いつきアイデアが出てくるのだろうなと思いこの場面を選び子どもたちの様子をドキュメンテーションに選びました。

ココが見どころ！

このドキュメンテーションでは子どもたちの考え，発見，気づきがよく見られます。最初に見た木は枝しかなく「これって何の木？」「木でかすぎ」「どうやって切ったんだろう？」などと子どもの口から疑問の声がたくさん聞かれました。何の木なのかを知るため，枝を見て回ったり触れたりして目や手で見つけようとしていました。最後に落ちていた木の実をきっかけに子どもたちはイチョウの木だと言うことを知りました。その過程の中にはその木を切ってくれた園芸のおじさんに話を聞いたり，落ちていた木の実は何の実だったのかを自分たちで匂いを嗅いだり感触を確かめたり，友達と話し合ったりする中で木の実が銀杏だったということを知ったことから銀杏ができるのはイチョウの木と言うところに子どもたちは結びつきました。その後は銀杏を探すゲームをしたり，銀杏を潰しては「あんまり臭くない。黄色いときは臭いのに」などと季節によって実がなぜ変化するのかなども疑問に思っている姿が見られました。一本の木で様々な気づき，発見，疑問が浮かび，そのたびに子どもたちは自分たちで答えを知るため考えたり調べたりします。このドキュメンテーションでは自然と関わることの楽しさ，子どもたちの思考がたくさん見られ，どう答えを導きだすかなどが見られるところがポイントになっています。

作成のためのアドバイス

作成するにあたって気をつけていることは，今後の子どもたちの保育につなげていけるような場面，内容（写真）を選ぶということです。ドキュメンテーションを作るだけでなく今後の保育にどう生かし，いかに楽しんで子どもたちが過ごせていけるかを考えていく必要があると思います。普段の保育の中で様々なことを経験していく子どもたちなので自分で遊びに発展したり，試行錯誤したりして子どもたちの発見につなげていけるように保育者は声をかけたり促したりすることが大切だと思います。基本的に保育者は子どもたちを見守りあまりたくさんの声をかけず子どもたちだけで考えていけるようにし，必要に応じて声をかけるだけでいいのではないかと思います。

また実際にドキュメンテーションを通して子どもたちの個性がよくわかります。【この子は自然と関わることが好きでよく知ってるな】【この子は遊びになると色んなアイデアが出せるな】など子どもたちの好きなこと，得意なことなどがたくさん見えます。実際に「何の木？」のドキュメンテーションを製作していると秋に銀杏を拾って遊んだ子たちはすぐに気づくことができましたが，銀杏を触ったことのない子はなかなかイチョウの木だと言うことには気づきませんでした。気づかなかった子どもたちがどのようにして答えにたどり着いたのかなどがわかるように写真を選んだり保育の振り返りをできたらいいのではないかなと思います。

ドキュメンテーションの活用アイデア

預かり保育では，どうしても保育内容が単調なものになりやすいというのがこの頃悩みの一つにありました。また，異年齢保育を展開していくことの難しさを感じることも多く，試行錯誤の毎日でした。しかし，長い時間を一緒に過ごす中で，子どもたちの素直な反応から気づくことや学ぶこともたくさんありました。このドキュメンテーションもその一つです。

みんなで木を見に行ってから，以前より園の植物に目を向ける機会が増えていきました。園庭だけでなく乳児の保育室がある園舎まで探検に行ったり，広い花壇を端から端までじっくり見たり，園庭のきれいな石（＝お宝）探しゲームが始まったりといろんな変化が見られました。神社に散歩に行ったときに拾ったどんぐりを植えてみようと提案する子も出てきて，かわいらしい姿にほっこりする場面もいっぱいでした。子どもだけでなく，保育者自身もこれまで以上に自然に目を向け，触れる場や時間を設けるなど意図的な働きかけを工夫するようになりました。また，子どもがいつでも見たいときに，自由に本を手にして楽しめるような環境が十分に整っていないことに気づき，関わり方や環境構成を見直し，改善していくきっかけにもなりました。

預かり保育では，個々の子どもに応じた保育がしやすいだけでなく，保護者と情報を交換し，連携を密にすることができるというよさもあります。このドキュメンテーションは配信せずに年長児が卒園を迎えたので，保護者の声は聞けていないままですが，いまは預かり保育の様子もしっかり伝えられるよう心がけています。保育時間が長くなると不安や寂しさを感じる子もでてきますが，保護者との連携が取れていると子どもの様子や必要に応じて預かり保育の時間を調整できないかなどといった相談もしやすくなると思うので，園からどのような情報を発信するか，今後も職員間で考えを出し合っていきたいです。そして，本園ならでは，預かり保育ならではの保育内容・方法についても研究し続けていこうと思います。　（石津由香・廣瀬未奈）

子どもたちの防災意識を育む避難訓練

対象：全園児　作成者：小城亜矢子・池下桃代　作成日：2018年2月23日

●保育のねらい
・災害時、保育者の話を聞いて、安全に避難したり逃げたりする方法を知る
・防災意識、災害への備えの意識を育む

●保育の振り返り
避難訓練・消火訓練をしました。子どもたちは「地震です」の放送にも慌てることなく保育者の指示を聞いて部屋の真ん中に集まったり、机の下に隠れました。年度当初はいつもと違う雰囲気に涙が見られたり、不安がったりする子もいましたが、防災についての紙芝居を読んだり安心できるようなお話をしてきたことで、今では落ち着いて訓練できています。毎回確認している避難訓練のお約束「お・か・し・も」を意識しながら取り組む姿が見られました（道徳性・規範意識の芽生え）。

場面選びのポイント

災害はいつ起こるか誰にもわかりません。毎月の避難訓練は，子どもたちが災害時に安全に避難できるためだけではなく，保育者にとっても落ち着いて判断し誘導できるようにと防災意識を高めるために行っています。

この場面は２月なので訓練をしてきて１年が経とうとしています。年長児クラスのみ各自の机があるのでその下へと避難しています。頭を守り姿勢を低くしている姿や話を聞く子どもたちの表情は真剣です。また，乳児クラスでは保育者の傍に駆け寄り抱きついているのがわかります。こうした場面から園でどのように取り組んでいるのか，また子どもたちが保育者に信頼を寄せている様子を保護者の方に伝わるかなと思いこの写真を選びました。

ココが見どころ！

保育の振り返りにもあるように，始めからこんなに落ち着いて取り組めていたわけではありません。

乳児にとっての避難訓練の参加は容易ではありません。避難訓練では，まず，地震の放送があります。子どもたちは，急に普段の生活の中で耳にしない音が流れてくることに，非常に敏感になっています。「この音はどこ？」と周りをキョロキョロと見回します。ですが，音に色はついていないので，視覚では感じ取れません。よって，乳児の発達では理解の限界があります。そうすると，わからないことに不安の気持ちを抱き，保育者が何をしても「イヤだ！」の一点張りになってしまいます。そして，追い打ちをかけるかのように，次の全体の行動は，一か所に集まり，安全を確保した上で，防災頭巾を被ります。この写真にもあるように，普段あまり見ない防災頭巾を興味津々に「座布団みたい」とお気に入りにし，被る子もいれば，そうではなく，「ふわふわ違う！　いらん！」と防災頭巾を投げつけ，被るのを拒絶する子もいます。ですが，怒りを全面的に出したとしても，普段から遊びを通した安全なやり取りの中で，信頼関係を築けていると，保育者の膝の上でみんなと同じ場所で避難訓練に参加できるようになりました。また，不安な気持ちを少しでも取り除けるように，避難訓練中も「大丈夫よ。おいで。痛い所はない？」とたくさん前向きな声かけや，励ましの言葉をかけて，安心できる避難訓練に取り組めた場面になりました。子どもが，自ら安心できる人だなと感じることは，保育者が間違いなく，好きな人であるという証拠だと思います。また，守られていると言葉や視覚で表さなくても，保育者と膝の上で過ごし，触れ合うことで愛されているのだなと感じとっているということは，乳幼児期にとって何よりの生きる力のもとになっていると思います。また，防災，避難するという事を身近に体験し，知っていく第一歩になると思います。そして，この子たちが，園以外の家庭に帰った際，もしも避難所生活を送ることになったとしたら，頭の片隅にでも，園で感じたことのある気持ちだなと感じてもらうことができたら，保育者としてますますやりがいがあるなと思いました。

作成のためのアドバイス

私がドキュメンテーションを作成するにあたって気をつけていることは，保育者の関わりも一緒に振り返りの中に載せることです。そのときの子どもの様子や取り組みだけを載せがちになりますが，「こんな保育者の関わりや環境設定をしたことでこういう子どもの姿が見られました」ということもさりげなく載せます。このドキュメンテーションで言えば「紙芝居を読んだり，安心できるようなお話をしてきたことで」の部分です。写真には載せていませんが文章で載せるだけでもいいと思います。その場合は，だらだらと長く書いてしまわないように気をつけています。保護者の方にわかって欲しくてつい詳しく書いてしまいそうになりますが，ドキュメンテーションで伝えたいのは保育内容や保育者の関わりではなく，子どもの育ちです。保護者の方も知りたいのはそこだと思います。ですので，保育者の関わりを載せる場合はさりげなく触れる程度にしています。

そして保育者の関わりや環境設定を載せることで，保育者の動きや思いを知ってもらい，より保育者に信頼を寄せてくれるようになるのではないかとも思います。このドキュメンテーションでいうと，乳児さんが保育者に抱きついている様子が写真で見てとれます。避難訓練というつもと違った雰囲気で，不安に感じた子が保育者に抱かれることで安心している様子から，普段の保育者と子どもの関係性が伺えます。バス登降園や預かり保育の利用等で送り迎えの際に保育者と話ができない保護者の方と信頼関係を深めるのはなかなか難しいと感じます。そんなときにドキュメンテーションを通じて保育者の様子も写真の中に写りこませることで，保育者がどんな表情で，どんな関わりをしているのか見ることができるので，普段の保育の雰囲気を容易に想像でき保護者の方も安心できるのではないでしょうか。

ドキュメンテーションの活用アイデア

園全体で取り組んでいる避難訓練をドキュメンテーションにしたので，みんながどういった経緯をたどって意識が高まってきたのかということがざっくりとしか載せられませんでした。今回は園全体の取り組みとしてのドキュメンテーションでしたが，学年やクラス単位で子どもの育ちを追えるともっと深く，子どもの発言や行動からどのように意識が変わってきたのか汲み取れ，子どもの育ちがよくわかるドキュメンテーションになるのではないかなと思います。

乳児の避難訓練については，どのように行われているのか保護者の方も気になる点だと思います。ドキュメンテーション後，どの経路から避難すればよいか，次はどのように声かけをすれば不安を感じさせないか，改めて考え直し，避難訓練についての反省と次の計画が考えやすくなりました。

（小城亜矢子・池下桃代）

第3章 ドキュメンテーションで保育者が育つ！
～金生幼稚園の取り組み～

1 幼保連携型認定こども園金生幼稚園の沿革と理念

沿革

本園は，昭和15年に高野山真言宗五明院境内地で金生愛育園として創設され，児童福祉法による保育施設として認可されました。その後，市に移管することとなり，昭和43年に学校法人金生幼稚園を設立しました。

学校法人設立当時の基本理念は，幼児の自立・自営の精神的要素を培うこと，宗教的情操を涵養すること，民主的社会人としての素地を作ることでした。涵養とは，水が自然にしみ込むように，無理をしないでじっくりと育てることを意味しています。弘法大師空海の教えをわかりやすく集約した言葉「生かせ　いのち」は，教育本来の目的でもあります。すべてのいのちの価値に気づき，100パーセント生かしきるということです。

平成27年に施行された子ども・子育て支援新制度に基づいて，本園は金生幼稚園から幼保連携型認定こども園金生幼稚園へ移行・開園しました。乳幼児期の教育や保育，地域の子育てを総合的に支援し，社会全体で子育てを支え，すべての子どもが健やかに育成されることに貢献するために，認定こども園に移行しました。

建学の精神と基本理念

このように，本園は幼稚園から認定こども園に移行していますが，基本的な理念に変わりはありません。本園の理念は，「笑顔と笑い声が絶えない未来に輝く学び舎で，建学の精神に沿った理想のエデュケアを目指し，子どもの幸せに寄与」することです。ここには２つの思いが込められています。

①三つ子の魂百まで

まず，建学の精神です。建学の精神には，三つ子の魂百までという諺が示されています。最近では，国内外の乳幼児教育の研究から乳幼児期は子どもの人生の質を左右するほど重要なものであることが明らかになってきましたが，本園は建学時から乳幼児期の体験や経験を重視しています。具体的には，遊びや生活を通じて子どもの育ちを支えることや，子どもの心情・意欲・態度という子どもの学びの過程を重視することです。このように，本園では，子どもから笑顔と笑い声が自然とあふれるように，乳幼児期の子どもの体験や経験を大切にしています。

②養護を基盤とした教育

次に，エデュケアです。エデュケアとは，養護（ケア）を基盤とした教育（エデュケーション）を重視するという本園の思いを込めた言葉です。子どもの興味や関心，発達に即した教育が重要なことは言うまでもありません。しかし，こうした教育をするためには，子どもに対する養護が十分であることが大前提です。具体的には，子どもに寄り添い，子どもに深い愛情を注ぐのです。子どもを心から愛し，抱きしめ，微笑みかけるのです。本園では，子どもとの応答的な関係や基本的信頼感（愛着）の形成を何よりも大切にしています。たくさんの愛情を受けて育っている子どもは，笑顔や笑い声が絶えないからです。

本園では，すべての子どもが愛情や幸せを感じるために，このような思いを込めた理念をもとに教育と保育を行っています。平成27年に幼稚園から幼保連携型認定こども園に移行しました。どのように形態が変わっても，本理念は不変なのです。

目指す子どもの姿

このような理念をもとに，本園では目指す子どもの姿として，次の6つの姿を示しています。

1．いつも生き生き明るく，元気な子
2．決まりを守り，自分のことは自分でする子
3．生き物を大切にし，みんなと仲良く遊べる子
4．ものごとに生き生きと興味を持つ子
5．人の話をよく聞き，思ったことははっきり話す子
6．創意工夫したことを楽しんで表現する子

ここに示したような子どもに育って欲しいという願いを込めて，本園では『幼保連携型認定こども園教育・保育要領』にしたがい，毎日の教育と保育に取り組んでいます。ドキュメンテーションやカリキュラム・マネジメントなど具体的な取り組みについては他章に記されていますが，本園のすべての教育と保育は子どもの立場に立って行うものになるようにしています。それが，本園の理念に合致することであり，目指す子どもの姿を実現する最もよい道と考えるからです。

（土肥ゆかり）

2 子どもたちの育ちを育む金生幼稚園の取り組み

金生幼稚園の理念である建学の精神には，三つ子の魂百までという諺が示されています。先程述べたように，乳幼児期の教育は子どもの人生の質を左右するほど重要なものであることが明らかになっています。乳幼児期に身につけておく力，たとえば自制心，対人スキルや物事に挑戦する気持ちなどは，認知能力（IQ など）に対して非認知能力と言われています。金生幼稚園ではこれらの力を遊びや生活を通じて育んでいます。できた，できないだけでなく，子どもが興味や意欲をもって取り組んだかというプロセスを大事にしています。

また，『幼保連携型認定こども園教育・保育要領』（以下，『要領』）との関係を意識した教育・保育を行うようにしています。原理原則に則った教育・保育を行うことが，子どもたちの育ちにはよいと考えるからです。ですが，『要領』を読んでいるだけではその思想や根本的な原理はわからないものです。そこで，金生幼稚園では，指導計画を作成する際も，保育カンファレンスをする際も，自分の実践が『要領』のどの項目と結びついているのかを考えることを大事にしています。

ここでは，金生幼稚園の取り組みを簡単に紹介したいと思います。こうした取り組みをドキュメンテーションにして，保育者で話し合い，保護者とも共有しています。

①伝統文化から学ぶこと

『要領』には「文化や伝統に親しむ際には，正月や節句など我が国の伝統的な行事，国歌，唱歌，わらべうたや我が国の伝統的な遊びに親しんだり，異なる文化に触れる活動に親しんだりすることを通じて，社会とのつながりの意識や国際理解の意識の芽生えなどが養われるようにすること」とあります。

年長組さんになると，裏千家茶道講師の石津啓子先生（絵本作家・石津ちひろ先生のお母様）から茶道のお作法を学びます。お辞儀の仕方やお菓子のいただき方，座り方や立ち方まで色々な作法がありますが，一番大切なことは作法を覚えることそのものではなく，作法を通じて相手を思いやる心と物事には手順や秩序があることを理解することです。そうすることで，子どもたちが茶道の動作には意味があることを理解できるのではないかと思います。

こうした考えから，昨年度は【主体的で，対話的で深い学び＝アクティブ・ラーニング】の時間となるよう，活動内容を工夫しました。お菓子を準備する，お茶を点てるなど，お友達と協力しながら伝統的なお茶道具の使い方を知り，ものを大切にする心を理解することにもつながりました。

②自然の中から学ぶこと

『要領』には，「豊かな感性は，身近な環境と十分に関わる中で美しいもの，優れたもの，心を動かす出来事などに出会い，そこから得た感動を他の園児や保育教諭等と共有し，様々に表現することなどを通して養われるようにすること。その際，風の音や雨の音，身近にある草や花の形や色など自然の中にある音，形，色などに気付くようにすること」とあります。

金生幼稚園では，小学校の理科や音楽の授業の準備のようなことはしないようにしています。不思議，違和感，おもしろい，わくわくする，こうした気持ちを大事にしています。そして，こうした気持ちを刺激するものは，よく見て，耳をすませると，子どもたちの周りにたくさんあります。

隣接するお寺の庭には，笹や柊・ナンテン・あじさい・バショウ・ツツジそれに大きな楠など園庭にはない草木があります。「ジャングル探検だ！」とワクワクしたり，ドキドキしたり……。草木を抜けた先には大きな池があり，鯉に餌をやったり，セミやトンボを捕まえたり，身近な環境の中で，自然に触れる活動を楽しんでいます。

また，今年度は近くの金生川までボイスレコーダーを持って音集めに出掛けました。録音した自然の音を絵に描き，自分なりの表現を楽しむためです。

川まで下りて石を投げると「ボチャンっていった」「大きい石だったらドーンっていう」と石の大きさや重さで音が変わることに気づいたり，石と石をぶつけて音の違いを楽しんだりしました。

③食育から学ぶこと

『要領』には，「園児が自らの感覚や体験を通して，自然の恵みとしての食材や食の循環・環境への意識，調理する人への感謝の気持ちが育つように，園児と調理員等との関わりや，調理室など食に関する環境に配慮すること」とあります。

最近は，孤食になりがちな子どもが多いようです。食事は生命を維持するだけにするのではなく，食事を通じて食材や調理方法に興味をもったり，友達や保育者と会話を楽しんだりするためのものです。金生幼稚園では，子どもたちが食事は楽しい，みんなと一緒に食事をしたいという体験や経験ができるように，様々な工夫をしています。

たとえば，今年度から第一水曜日は，「おにぎりの日」です。お家の方と一緒におにぎりを作って持ってくる日です。朝からお家の人と一緒におにぎりを作った時間が楽しいようで，「おにぎりの中身は何でしょう」クイズが始まり，鮭・昆布・梅・ウインナー・たくあん・シーチキン等のおいしそうなおにぎりの話で盛り上がりました。どの位のご飯の量がよいのか，具は何をいれようか，どんな混ぜご飯にしようか，どんな形にしようか等自分で考えたり試したりしているようです。

④幼小交流から学ぶこと

『要領』には，「幼保連携型認定こども園の教育及び保育において育まれた資質・能力を踏まえ，小学校教育が円滑に行われるよう，小学校の教師との意見交換や合同の研究の機会などを設け，『幼児期の終わりまでに育ってほしい姿』を共有するなど連携を図り，幼保連携型認定こども園における教育及び保育と小学校教育との円滑な接続を図るよう努めるものとする」とあります。

金生幼稚園では，小学校との連携では２つのことに配慮しています。一つは，金生幼稚園では小学校の学習の準備というとき，遊びを通じて学ぶこと，学びの過程が重要であること，非認知能力を育むことであることを明確にしていることです。鍵盤ハーモニカに興味がないのに弾かせることは，金生幼稚園ではしないようにしています。どうやって弾かせるかではなく，なぜ興味がないのか，どうしたら興味をもてるか，子どもに弾かせるのではなく弾きたいと思うようになるにはどのような環境を用意したらよいか，を考えることを優先しています。小学校の学習と，幼児期の学びは違うものであることを，しっかりと意識しています。

もう一つは，小学校との意見や書類の交換だけではなく，小学校の学習を幼児教育に転換して，実際に園で行うなどする，実質的な交流や連携を重視しています。

たとえば，年長児クラスでは，金生第一小学校の道徳の授業を体験しました。事前に，年長クラスの指導計画にして，幼児期の子どもたちの学びになるように，適したかたちになるようにしました。『あんなになかよしだったのに…』（作・絵　かさいまり）という絵本を読んで，その登場人物（動物）の気持ちを考える授業でした。絵本の中で「よわむし」「へたたな」「もうあそばない」「ふざけていっただけ」と相手につらい思いをさせてしまった言葉を振り返りました。手を挙げて発表したり，お面をつけて役になり，自分だったらどう言うか演じてみたりしました。ペープサートを見ながら普段の自分の姿を振り返ったりもしました。

⑤外部専門家との連携

『要領』には，「保育教諭等は園児一人一人に対する理解や指導についての考え方を深めることが大切であり，そのためには，互いの指導事例を持ち寄り，話し合うなどの園内研修の充実を図ることが必要である」とあります。

金生幼稚園では，園内研修の充実に努めています。園外の保育者の考え方や視点を学ぶことにも意義があるため園外研修もときには必要です。しかし，金生幼稚園の実情に即した保育を，園内の保育者と話し合う方が効果的と考えていることから，園内研修を最も重視しています。

たとえば，園内研修の質を高めるために，幼児教育学を専門とする研究者や，芸術や運動の専門家に参加してもらうことがあります。その中で，幼児教育学の新しい知見を学んだり，日々の保育の具体的な場面を取り上げて話し合ったりすることで，子どもや保育に対する理解を深めるようにしています。ドキュメンテーションによる保育についても，研究者も参加した園内研修を何度も開催していく中で，金生幼稚園のいまのドキュメンテーションになりました。

金生幼稚園では原則として保育カンファレンスには園長や副園長は参加しないようにしています。それは，保育者同士で考え合って，話し合い，決めてもらいたいからです。園長や副園長が参加しないことで，お互いの意見を言いやすくなることもあるかもしれません。しかし，園内研修会には園長も副園長も必ず参加します。それは，第１章にもあるように，お互いが学び合う雰囲気を作るためには，園内研修には全員が参加することが大事だと考えるからです。

⑥コアラキッズの取り組み

『要領』には，「保護者の就労と子育ての両立等を支援するため，保護者の多様化した教育及び保育の需要に応じて病児保育事業など多様な事業を実施する場合には，保護者の状況に配慮するとともに，園児の福祉が尊重されるよう努め，園児の生活の連続性を考慮すること」とあります。

コアラキッズとは，１号認定児の預かり保育と２号認定児を対象とした保育のことです。金生幼稚園では，園児の生活の連続性に配慮した教育・保育を行っています。

たとえば，園で過ごす時間が長いため，外で遊ぶ時間をできるだけたくさん取るようにしています。寂しい思いをしないように異年齢で関わる機会を増やすことで，保育者以外に信頼できる友達やお兄さん・お姉さんができています。長期休暇中には異年齢の班に分かれて活動しています。

コアラキッズの遊びは，ぬりえ，カルタ，ドッジボール，鬼ごっこ，人形を使ったごっこ遊びがあります。年少児は知らなかった遊びを経験し，集団遊びの楽しさを知ることができます。年中・年長児は新しい楽しみ方に気づくことにより，どんどん遊びが展開し，学年を超えて友達の輪が広がっています。夕方になると，その時間・季節ならではの気温の変化や空の様子，植物のにおいや感触に触れ，気づいたことや感じたことを友達や保育者と共有しています。

保護者との連携では，迎えの時間はそれぞれ異なるため，一人ひとりの保護者にその日の出来事や様子などを丁寧に伝えるようにしています。職員同士でも情報を共有しあって，伝え忘れがないよう気をつけています。

（土肥ゆかり）

3 ドキュメンテーションを始めた経緯と今後の展望

ドキュメンテーションにたどり着くまでの道のり

金生幼稚園は，幼保連携型認定こども園への移行と同時にドキュメンテーションを取り入れました。ここでは，ドキュメンテーションにたどり着くまでの経緯を振り返ってみたいと思います。

①「だって，先生がそう言うから」

音楽発表会に向けて取り組んでいる子どもに，「楽しい？」，「どうしてその楽器を選んだの？」という何気ない質問をしたことがあります。子どもは，「(楽しいかどうかは）わからない」と答えました。楽器を選んだ理由は，「だって，先生がそう言うから」でした。

本園は昭和43年に学校法人金生幼稚園を設立したことから始まります。設立当時の基本理念は，幼児の自立・自営の精神的要素を培うこと，宗教的情操を涵養すること，民主的社会人としての素地を作ることでした。しかし，この子どもの反応は，自分で考えて，意見を表明する，自分でやってみるという自立や自営，民主的な社会人という金生幼稚園の基本理念とは大きく異なるものでした。

もちろん，保育者も音楽発表会に向けて全力で取り組んでいました。ときには準備に時間を費やしたり，今後の展開を考え合ったり。しかし，子どもたちの自主性，好奇心，気持ちが保育者の保育とつながっていなかったのです。

②「隣の幼稚園では，小学校を見据えた学習をしていますよ！」

この言葉は，保育者が幼児期に大事なことは遊びであり，子どもたちにとって遊びこそが最大の学習ですと説明したところ，ある保護者に言われた言葉です。金生幼稚園では字を書く練習はいつから始めるのですか，と言われたこともあります。認定こども園に移行した際は，「これで，０歳のときから英語ができますね」と言われたこともあります。

幼児期には字がいくつ書けるかではなく，字の成り立ちに関心をもったり，言葉の音やリズムに親しむことが重要であると考えてきました。早期の英語教育もあまり重要なことではありません。身の回りにある雨や風の音，動物の鳴き声に好奇心をもつことが重要だと考えてきました。つまり，何かができたとか，できないという結果ではなく，興味や関心という過程を大事にするということです。

もちろん，小学校の学習を見据えた取り組みはしてきましたが，それは子どもたちの興味や関心から展開した結果としての活動と捉えてきました。十分な過程が伴わない結果は脆く，崩れやすいものです。しかし，こうした保護者の言葉からは，私たち保育者の思いと，保護者の思いがつながっていなかったことがわかったのです。

③子どもたちの園生活の連続性

幼保連携型認定こども園に移行したことで，金生幼稚園の中に多様な生活スタイルの子どもたちがいることになりました。夏休みのような長期休暇は登園しない子と登園する子の園内での生活や経験の連続性をどうするか，３歳児から入園する子どもと３号認定の保育をどうやって関係づけるか，など認定こども園に移行したからこその課題を解決しなくてはなりませんでした。

『幼保連携型認定こども園教育・保育要領』にも，認定こども園での教育及び保育は，「当該幼保連携型認定こども園に入園した年齢により集団生活の経験年数が異なる園児がいることに配慮する等，０歳から小学校就学前までの一貫した教育及び保育を園児の発達や学びの連続性を考慮して展開していくこと」とあります。認定こども園として，こうした多様な背景をもつ子どもたちや保護者をつないでいく必要がありました。それは，保育者がこれまで以上に同じ方向を向いて教育及び保育に取り組んでいかなくてはならない，つまり保育者もしっかりつながることが必要だということでもありました。

キーワードは「つながる」

認定こども園に移行したことで，保育者，子どもたち，保護者がつながることが，これまで以上に重要になるという認識をもって，様々な研修会に参加したり，保育の書籍を読みました。そこで，たどり着いたのがドキュメンテーションでした。

私なりのドキュメンテーションの理解は，次のようなものです。

1．ドキュメンテーションは，保育者，子どもたち，保護者，そして地域もつなぐための対話のツール。
2．ドキュメンテーションから対話が生まれることで，保育に関わるすべての人がつながる。
3．ドキュメンテーションは形式や使い方についても保育者が自分で決めることが多いため，保育者や子どもたちの間で対話が生まれる。
4．ドキュメンテーションを活用した対話を通じて，よい保育につながっていく。

金生幼稚園が子どもたちに最もよい教育及び保育を提供するためには，ドキュメンテーションを活用することが最適であろうと判断し，ドキュメンテーションを取り入れることにしました。

ドキュメンテーションのおもしろさと難しさ

ドキュメンテーションを取り入れるにあたって，保育者の環境を整えることが重要と考えて，保育者１名につき１台のタブレットを用意したり，年に数回のドキュメンテーション研修会を開催したりしました。

最初は戸惑いながらも，ドキュメンテーションのフォーマットはこうしよう，写真はこれにしよう，というように，保育者同士で話し合いを重ねていきました。こうして，ドキュメンテーションのあり方，使い方，保護者への提供の仕方などを考え合い，金生幼稚園ならではのドキュメンテーションを作っていきました。保育者同士での対話も広がったり，子どもたちがドキュメンテーションを「再訪問する」ことで，自分が確かに歩んできた道を振り返り，自信をもった様子も見られました。保護者には保護者会や園内行事の際にドキュメンテーションを見てもらうようにしました。

また，ドキュメンテーションを始めたことで，金生幼稚園の方針や目標，そのためにすべき保育を保育者全員がいっそう強く認識するようになりました。ドキュメンテーションで保育の過程や子どもたちの遊びを可視化することで，結果ではなく過程を重視する保育を目指すことや，過程，すなわち子どもたちの心情，意欲，態度を育むことを重視すること（非認知的能力を育むことを重視すること）を強く意識するようになったのです。

しかし，ドキュメンテーションを取り入れて1年経過した頃から，課題も見えてきました。ドキュメンテーションがどう保育に生きているか見えない，ドキュメンテーションと他の書類（指導計画や幼保連携型認定こども園園児指導要録）との関係がわからない，せっかくドキュメンテーションを作っても保護者と共有しきれていない，などドキュメンテーションに一生懸命に取り組んできたからこその課題がでてきました。

こうした課題意識は，業務の負担感を増したり，やらされている感につながってしまいます。園として早急に解決しなくてはならないことと感じていました。

保育者が考えるよりよいドキュメンテーションへ

本園では原則として保育カンファレンスには園長や副園長は参加しません。なぜなら，保育者同士で考えて，対話して，解決してほしいからです。自分たち一人ひとりが金生幼稚園を動かしているのだという実感をもってもらいたいという思いもあります。ドキュメンテーションの課題も，保育者の解決策を待ってみました。

様々な試行錯誤を経て，ドキュメンテーションのフォーマットを指導計画や認定こども園こども要録とつながるようにしたり，スマホのアプリ（キッズリー）を使ってドキュメンテーションを配信したりするようにしました。保育学を専門とする大学教員にドキュメンテーションの目的や効果を保護者会で説明していただいたり，ドキュメンテーションを見ていただき，意見をもらい，それを再度保育者に戻すという取り組みも始めました。クラス便り，園便りもドキュメンテーションに一元化するようにしました。あれもこれも作るのでは，手間もかかるし，効果的ではないからです。

保育者から発信されたこうした取り組みによって，ドキュメンテーションは取り組み始めた当初と形を変えてきました。金生幼稚園の実情に即した，金生幼稚園ならではのドキュメンテーションになってきました。

ドキュメンテーションに対する保護者からの意見

ドキュメンテーションに対する金生幼稚園の考えも，保護者の気持ちや考えとつながるようになってきました。保護者からドキュメンテーションに対する意見を聞きました。その結果の一部が以下のものです。

「いままでは結果を重視していて，うまくできなかったり，結果をだせなったりすると，落ちこんでいました。でも，ドキュメンテーションで保育を可視化してくれたことによって，子どもが自分や先生，友達と一緒に考えたり，遊んだりしている姿を見れて，結果だけではなく，それをする過程を大事にしていこうと思えるようになりました。自分のクラスのドキュメンテーションの写真を見せると，『～して，～になったんよ！』など，そのときにしたことをたくさん話してくれ，会話も広がるようになった気がします」

「完成した作品だけを見るのではなく，その過程を見ることができ，子どもたちの成長と共に頑張りを感じることができます。『今日は○○したんよ』と子どもが話してくれるので，先生方の視点と子どもの視点でドキュメンテーションを見ています。また，他のクラスでの取り組みが見られるので，楽しみにしています。今後も続けていってもらいたいです」

「ただ画像だけを見るのではなく，『ねらい』が書いてあることで，その遊びを通して子どもたちが何を学んでいたのかがわかりやすい」

「娘は幼稚園での出来事などあまり話してくれないのですが，ドキュメンテーションを見てこちらから『今日は幼稚園で○○したんよね？』と聞くと，そのときの様子を詳しく教えてくれます」

「園での様子がわからない保護者にとって，子どもたちの様子がよくわかりありがたく思います。行事の製作にもその都度ねらいがあり，子どもたちの反応も様々で保育者の関わり方も多様である事は推察していましたが，写真や文章で提示して下さることでより理解しやすく，園外での行動にも『規範意識かな？』『社会性が身についたかな』と子どもの行動のもとにある個性や関心事に目を向けることができる様になりました。ロープ１本でも，目的や工夫次第で遊びを通して学び得るものは多いのだと感じました」

「ドキュメンテーションは毎回楽しみに観させていただいております。娘も，『あっ，○○ちゃん』『あっ○○くん』と写真に映っている友達や，自分の姿を見て，『この間，これしたんでー』と色々，話をしてくれます」

「その日の園での話を親子でするとき，ドキュメンテーションをいただいている日は，一緒に読みながら話をします。『楽しかった！　おもしろかった』の感想だけではなく，そのときの先生や友達との会話や出来事，気持ちを細かく教えてくれるので，子どもの様子が知れるだけでなく，上手に伝えられるなと嬉しく思っています」

ドキュメンテーションによって，保育者の保育が保護者に伝わっていることや保護者と子どもの対話も促されていることがわかります。

たとえば，金生幼稚園では，誤解を恐れずに言うなら，結果ではなく保育の過程を重視しています。子どもたちがもう1回やりたい！　今度は違うやり方でやってみる！　そう言うかどうかが大事です。とりあえず何か作って形にはした，もうやりたくない，このような保育では子どもは伸びることはありませんから。だから，ドキュメンテーションも過程がわかるように作っていますが，保護者にもこの気持ちは伝わっていたのだと感じます。

また，遊びは学びであることも，ドキュメンテーションにねらいをいれたことで伝わっています。いまでは，遊びはもういいから隣の幼稚園のように算数の練習をしてほしいという保護者はいなくなりました。遊びの中に，たくさんの算数の「練習」が含まれていることが，ドキュメンテーションに書かれた保育のねらいと内容から，保護者に伝わるからだと思います。

さらに，保護者の中には，ドキュメンテーションはこうしたらもっとよくなるという方もおられました。大変嬉しいことです。ドキュメンテーションには完成形はないので，保護者の意見も取り入れたドキュメンテーションの可能性もこれから模索していく必要があります。

ドキュメンテーションから保育者，子ども，保護者間で対話が生まれ，対話からよい保育が生まれるという流れが少しずつできてきたように思います。

「啐啄同時《そったくどうじ》」の保育を目指して

「啐啄同時」という禅語があります。にわとりの雛が卵から出ようとするとき，殻の中からつついて音をたてます。これを「啐《そつ》」と言います。雛が殻をつついたとき，親鳥が殻の外からつついて殻を破ります。これを「啄《たく》」と言います。殻が破れて雛が産まれるためには，この「啐」と「啄」が同時でなくてはなりません。親鳥が殻を破るのが早くても，遅くても，雛が産まれないのです。つまり，タイミングが重要なのです。

同じことは，保育者と子どもの関係にも言えます。子どもからの発信がある前に，こうしたら？　このほうがいいよ！　という保育をすれば，子どもの主体性や自主性は育めません。しかし，だからといって，保育者は何もしなくてよいわけではありません。子どもは有能な学習者です。いつも，色々なことを，様々な方法で学ぼうとしています。その意欲の表れを，保育者がタイミングよく捉えることが大事なのです。

保育者と子どもにとって，どのタイミングが最もよいか。それを教えてくれるのがドキュメンテーションではないでしょうか。ドキュメンテーションをしっかり作る，読む，話し合う過程で，子どもたちの気持ちや関心，それがどこに向かっているか，何に悩んでいるかが見えてきます。子どもの立場になって振り返ると，子どもの思考も少しずつわかるようになってきます。これらを踏まえて保育を行うことで，適切なタイミングを逃さない，よい保育になり，子どもの育ちにつなげることができるのです。

金生幼稚園のドキュメンテーションは，まだ完成形ではありません。よりよい保育につなげるために，どうしたらドキュメンテーションをもっと活用できるか試行錯誤の最中です。ドキュメンテーションを通じて，保育者，子どもたち，保護者がいっそう強くつながることで，私たちが次に進む道が見えてくるように思います。

（土肥義紹）

4 ドキュメンテーションに取り組んだ保育者の声

ここでは，ドキュメンテーションに取り組んだことで学んだことや感じたこと，保育に生かされたと思うことなど，保育者の声をまとめました。

0歳児担任　宇高加奈

子どもたちの園での生活の様子は，保護者の方がお迎えに来られたときに口頭でお伝えしているのですが，「こんな様子でしたよ」と写真を添えてその場面をより具体的にドキュメンテーションで伝えられるという事は，保護者の方とも共通理解を深めることができるので，保育者として嬉しく思います。 また，自分の日頃の保育の見直しをできるということもあり，いまある姿が次はどのように成長していくのだろう？　と考える力も養われてきたように思います。

0歳児副担任　熊野菜月

ドキュメンテーションを作ることで，日々の保育の中で子どもたちはどのように成長しているのか，子どもたちの発達の大切な時期に携わっていく保育者として，どのような関わりや声かけ・保育をしていくべきなのか考えることができました。1つの遊びや活動をするにも，一人ひとり感じることや行動・反応が違うので，どのような関わり・声かけをするか考えながら保育しています。一人ひとりのどのような部分を伸ばしてあげれば成長へとつながっていくのかしっかりと考え，自分の保育も見つめ直す事ができました。

1歳児担任　齊藤佳那

ドキュメンテーションによって，この遊びの中ではこんな成長を感じる，どんな発達に意味があるのかを改めて深く考えることができました。また，写真で子どもたちの様子を振り返ることで，自分の保育の振り返りや反省につながりました。この遊びではこんな展開で，どんなことに子どもたちが興味をもったのか，どの点がよくてどこがだめだったかなど，ドキュメンテーションを作って考えることができました。保護者の方にも写真を見ながら保育を伝えることができいいなと思います。

2歳児担任　下元愛莉

ドキュメンテーションを作成することで，自分の保育を違った目線で考え直すことができました。ねらいを立て，子どもの姿・写真があることで，普段の子どもたちの姿がより保護者の方にも伝わりやすくなったと思います。保育教諭の私も保育の振り返りがしやすく，日々の保育に生かせる点を見つけることができ，これからもわかりやすいドキュメンテーションを作成していきたいと思います。

2歳児副担任　友好那美

ドキュメンテーションを作成することで，その時々でどういった保育をしたのか，また子どもたちの表情や考えがいつでも見返すことができると思います。普段はなかなか保育中を見ることができない保護者の方にも，こういうねらいや目的があってこんなことをしていて，また，その活動に取り組んでいる子どもたちの姿が見られて，よいコミュニケーションの１つになると思います。

3歳児担任　池下桃代

ドキュメンテーションを通して，自分の保育をもう一度見直すきっかけになった。「先生たちが作っていて楽しい，おもしろいと思えるものを」と考えることで，しなければならない，させられている意識から，楽しんで取り組んでみようと前向きな意識に変わることができたと思う。他のクラスがいまどのようなねらいの中過ごしているのかがすぐにドキュメンテーションを見てわかるので，次年度にどの学年で自分が過ごしたいかということも考えられるようになった。

3歳児担任　吉井詩織

園での出来事をドキュメンテーションで伝えることで，言葉では伝えづらい子どもたちの表情などそのときの子どもの姿を見てもらえることができ，保護者との関係を深めることができました。また，言葉でも「10の姿」にあてはめていき，子どもたちが帰った後，今日の保育内容の振り返りもできるようになりました。その振り返りから，反省する点も見つかり，明日はもっとこうしよう，こんな声かけをしたら子どもたちは安心するかなと日々の保育にもつなげていけるようになりました。

4歳児担任　山川可純

ドキュメンテーションを通して改めて10の姿を見つめ直すことができています。子どもたちが楽しいと感じることができるよう，興味関心のあること，夢中になっていること，やってみたいことなどを遊びに取り入れています。また子どもたち自身で遊びの世界を広げていけるような環境を作ることも心がけています。以前まで活動や遊びの結果を見ることが多くありましたが，いまでは子どもたちの学びの過程を意識した保育を行っています。日々子どもたちは様々な表情やつぶやきを見せてくれます。その際に，保育者の声かけ一つで子どもたちの反応や表情，取り組み方にも変化が見られると思うので，保育者の立ち位置を見直すことも大切だと思いました。

4歳児担任　薦田莉奈

日々の保育の中で10の姿につながる環境や関わりなど様々な視点から考えられ難しさを感じた。しかしドキュメンテーションを作成するにあたり以前よりも10の姿を意識して子どもと関わったり，ちょっとしたやりとりの中でも子ども自身で相手の気持ちに気づくことができるよう仲立ちしたりとより充実した保育を行うことができたと思う。最初に作成したドキュメンテーションは廃材遊びをテーマに作成した。これは事前に道具を準備した状態での始まりだったが，子どもたちはそれを遊びに取り入れたり，普段の生活と結びつけたりと子どもらしい自由な発想を表現していてとてもおもしろかった。今回のように製作だけでなく園庭や自由遊びの時間でも子どもらしい自由な発想を保護者の皆様とも共有していけるように作成していきたい。

4歳児担任　大石京香

ドキュメンテーションを作成してみることで10の姿を以前より意識するようになり，保育の振り返りをよくするようになった。子どもたちの発見や発言したことを一緒に共感したり，子どもたちからの「これは何だろう？」という疑問を一緒に考えたり本や図鑑で調べたりして，興味や関心を育んでいます。また，ドキュメンテーションを作成した後，写真を見ていると子どもたちの表情がよくわかり，楽しく充実した時間を過ごすことができていたことを実感したり，次回の活動につなげている。

5歳児担任　石津由香

ドキュメンテーションに取り組み始めて，自分の保育をより見つめ直すことができるようになりました。取り組みを始めた当初は保育中にカメラを向けることに抵抗があり十分な保育ができていないのではないかと不安になることがありました。しかし続けていくうちに以前より子どもたちの見落としていた表情や発言，友達との関わり等，写真を見ることによってより鮮明に振り返りができるようになりました。また，保護者の方にそのときの様子を見てもらえるというのはとても魅力的だと思いました。クラスでの活動，行事，取り組みなどどんなねらいをもっているか，保育者もいままで以上に考え，子どもの姿を見ようと意識して保育できています。

5歳児担任　廣瀬未奈

ドキュメンテーションは，子どもの園での様子や学び，育ちを具体的に伝えたり，その時々のいろんな表情を保護者の方々と共有したりできるという点に魅力を感じたのが始めでした。実際に作成してみて気づいたことは，ドキュメンテーションは園から情報を発信するためのツールなだけでなく，自分の保育を振り返るための記録にもなり，保育の質の向上のために大きな役割を果たすものでもあるということです。日々多様な業務，行事運営に追われ保育を充実させるために試行錯誤する時間を十分に取れない現状もある中で，少し立ち止まり子どもの姿や育ちを捉え，自分の保育を見つめ直す機会となっていると感じます。また，見直すことで新たなねらいや課題が見つかるなど，保育の改善にもつながっています。一方でいまは他の学年の取り組みにじっくり目を通せていないという現状もあります。各保育者の子どもや活動への思いや捉え方の違いなどを知るためにもドキュメンテーションは大事なツールとなると思うので，保育者同士で話し合ったりエピソードに対する解釈を広げていったりする時間も作っていけるといいのかなと思います。保護者とだけでなく，保育者間でも子ども一人ひとりの情報交換と共有をより密にするというのが今後の課題の一つだと考えています。

フリー担当　山川大地

私が，ドキュメンテーションを作成して感じたことは，週案とはまた違った記録の残り方で保育の振り返りができることです。文字だけでなく写真があることで，イメージしやすく伝わりやすさが違います。さらに，保育の流れ，これからの活動の展開といった保育の連続性についてもより考えるようになりました。また，保護者の方にもクラスや学年，幼稚園全体の活動を知ってもらうためだけでなく，認定こども園金生幼稚園がどういったところであるか，どんな幼稚園なのかということも知ってもらうことができ，いま以上に幼稚園との信頼関係にも結びつくのではないかと感じました。

フリー担当　越智あすか

ドキュメンテーションを作成することで，子どもたちの園での様子を保護者の方によりわかりやすく伝えられるようになりました。口頭や文面でその日の出来事を伝えることは，難しいこともありますが，ドキュメンテーションは写真を載せることができるのでイメージが湧きやすくなり，会話が膨らむようになりました。保護者と保育者とのコミュニケーションツールとなっています。また，自分自身ドキュメンテーションを作成する際に，写真を見返していると子どものそのときの様子や感じたことを振り返ることができるよい機会になりました。ねらいにそった保育ができているのか，次はどんな活動につなげようかと考えることで，保育の質の向上にもつながると考えています。

フリー担当　宮崎真季

ドキュメンテーションを作成してみて始めは難しそうだなと思っていましたが，写真を選びその出来事を書くことを実際にしてみると，思ったより悩まず作成することができました。「幼児期の終わりまでに育ってほしい10の姿」を文章中に入れることで，自分の保育の見直しができたり，足りない育ちを取り入れようと計画するきっかけにもなり，自分の成長にもつながると感じました。また写真を選ぶときに子どもの楽しそうな表情，びっくりしている表情など保育中に気づけなかった発見もあり，ドキュメンテーションを作成する中で楽しみにしている時間でもあります。

フリー担当　進藤早苗

ドキュメンテーション保育に取り組んで，自分自身が保育の振り返りを丁寧にできるようになったと感じています。日々の業務に追われていたり，保育中も進行していくことばかり目を向けていましたが，保育後たくさんの写真を見て，そのときに気づかなかった子ども一人ひとりの表情だったり，製作の過程や，製作物がくっつかなくて苦労したこと等新しい気づきがありました。振り返りでうまくできなかったことは次につなげられるようにしたり，子どもたちの素敵な一面や頑張りをたくさん見つけてあげられるきっかけにもなりました。保護者にも，保育中のエピソードやこちらのねらい等知らせることができ，口で説明していくよりも目で見える事の方がわかりやすいと思います。できる・できないという結果ばかりに目を向けている保護者についてもよい啓発になっていると感じます。

5　子どもの育ちの見える化と保護者の反応

私たちが日々の保育の中で大事にしていることの１つは，子どものいまの姿を保護者の方に伝え，子どもと一緒にその思いを共有することです。
以前は一人ひとりに連絡ノートを用いて，最近の出来事・がんばっている事・園で取り組んでいる事・子どもの気づきや発見，つぶやき・家庭での様子等を保護者の方に伝えていました。細かくその子の様子を伝えることができてよかったのですが，全員が目を通してくれるわけではなく，いまのこの瞬間の出来事を伝えたいのに保護者の方との温度差を感じることが多々ありました。逆に頻繁になりすぎて保育者の負担になってしまう事も少なくありませんでした。

そこで，今日の子どもたちの姿をわかりやすく保護者の方に伝えるために導入したのが，保護者との連絡アプリです。その日の出来事やそのときの子どもの学びや気づきを画像と共に配信することができるようになりました。
そんな中，昨年12月末に浅井拓久也先生によるドキュメンテーションの研修を受けました。日々の保育を可視化するドキュメンテーションは，保護者の方が子どもたちはどんな保育を受けているか，どんな育ちがあって，保育者がどんな思いでこの活動をしているのかを保護者の方と共有することができるようになりました。

保護者の方の声がこちらです。

０歳児・２歳児　保護者

自分が通った園に，いま母親として子どもたちと通わせていただき，懐かしさとうれしさを感じています。また，きれいな園舎や豊富な絵本・玩具など，子どもたちを思い環境を整えてくださっている先生方のご尽力に感謝の気持ちでいっぱいです。
“子どもの学びはあそびから”“子どもが夢中になれるあそびを”と，様々な経験をさせていただくことで，豊かな感性を育み，達成感や充実感を味わうことが大切だと感じています。しかし，子育てにおいての情報がたくさんあり，「子どもが将来困らないようにいろいろな力をつけてあげたい」と思ったり，「もっと関わってあげないと！」などと自分の理想の子育てと実際の生活のギャップに悩んだりして，「子どもにとって本当に大切なものはなにか？」を見失いそうになることもあります。そんな中で，園から配信される子どもたちの生き生きとした笑顔や表情を見て，再び大切なことを思い出させてくれるドキュメンテーションは有意義なものとなっています。特別なことが大切なのではなく，日々の生活の上で自分なりの表現を認めてもらったうれしさ，友達や先生と一緒にするたのしさ，試行錯誤しながらやり遂げた達成感……その育ちは心の中にあって，いまは見えないかもしれないけれど，それがとっても大切なのですよね。そのすべてがつまった笑顔はこれから先の力となり，これからもずっと輝いていると思います。

またドキュメンテーションを通して「幼児期の終わりまでに育ってほしい10の姿」について具体的にお知らせいただいていることも参考になります。乳児クラスでお世話になっている子どもたちですが，安心できる環境で先生やお友達と一緒にご飯を食べたりお散歩をしたり，いろいろな遊びを経験させてもらったりすることで基盤づくりをしていただき，その一つひとつが学びの基礎となり非認知能力「意欲・心情・態度」の育ちへつながっていることがよくわかりありがたく思っています。

子どもたちも園からの写真入りのお便りを楽しみにしていて，上の子どもは「このとき，おてても きれいな色になったんよぉ」「○○ちゃんとしたんよ」とそのときの出来事やお友達の名前を教えてくれ，園での様子を知ることができる貴重なコミュニケーションの手段となっています。そして年上のクラスの活動の様子も知ることができ，「年長さんになったらこんなことができるのか～」といまから楽しみにしている私です。これからの配信も，先生方のご負担にならない程度で構いませんので，よろしくお願いします。楽しみにしています。

年少　保護者

息子は満３歳児で認定こども園金生幼稚園に入園しました。小さい頃から外で遊ぶのが大好きで，金生幼稚園では外で遊ぶ時間を大事にしてくださっているので，息子は園で思いっきり遊んで帰ったらお昼寝をします。とにかく幼稚園が大好きで，入園初日から泣かずに通っています。お迎えに行くといつも「帰りたくない」と言って大泣きしていました。私は息子が幼稚園を大好きなことを嬉しく思います。

園からキッズリーで「ドキュメンテーション」が送られてきます。私は初めて聞いたとき，どういうものかわかりませんでした。浅井先生，園長先生，副園長先生のお話を聞いて，子どもが何かやったこと，作ったことの過程を記録し，提示していく事だと知りました。

私たち大人は結果だけを重視してしまいがちです。結果ではなく，その過程が大事であると学びました。私も結果だけを重視していたことを反省しこれからはその過程を褒めていきたいです。ドキュメンテーションを通して，保護者が園での子どもの様子を知ることができて嬉しいです。

園長先生をはじめ，先生方いつもありがとうございます。息子をよろしくお願い致します。

年中　保護者

園での生活も２年目となり，頼もしく成長した息子のバスに乗る後ろ姿は，とても愛らしく毎朝仕事に向かう私も活力となっています。

息子は体つきも大きく「しっかりしているね」と言われることもありますが，家庭での様子とのギャップに違和感を覚えます。私の息子は，叱られるのが嫌で状況をよくみる機転のよさもありますが，気が弱く，気に入らないことがあるとすぐに怒って物を投げる乱暴な一面もあります。そんな感情をうまく言葉に表せない苛立ちや，相手への伝え方がわからない思いも，園で集団生活を送ることにより，受容・共感していただける先生方やお友達の存在により形を変え表現できているのかなと，更新されるドキュメンテーションを拝見して思いました。園での様子がわからない保護者にとって，子どもたちの様子がよくわかりありがたく思います。

たとえば製作にしても，家庭では「上手に切れたね」「きれいに書けたね」と言葉かけはできても，形や数字・色に興味をもてた初動に共感したり，その行動の元にある個性や関心事に目を向けることは困難ですが，写真や関わり方など文字で提示して下さることで客観的な視点から，子どもたちの意欲や思いに気づくきっかけとなっています。

そして，いろいろな遊びを通じ先生方やお友達と共有することで得られた創造力や感性はふとした息子の行動にも表れます。体を動かすことが大好きな息子はよく近所の友達と外遊びをします。年齢層も幅広く，遊びが複雑になっていく過程でもルールを確認し理解を深めようとします。また，鬼ごっこをしていても，これから先は危ないから行ってはダメだという私との約束を守ろうとする姿もみえ，規範意識や社会性の芽生えを感じる日常があります。特に最近嬉しい成長は〝楽しいから行きたいゴルフの打ちっぱなし〟から「父さんと一緒にコースをまわりたいから上手になりたい」と目的意識をもって練習するようになりました。結果はどうであれ，そこに至るまでの過程や努力を認め，共感する大切さを重視し，共に見える景色を楽しんでいきたいと思います。

ドキュメンテーションを作成し始めた頃は，「こんな難しいこと書かれても……」とか「わかりやすく写真だけでいいのに」と言われることもありました。しかしその都度「写真だけでは伝わらない子どものつぶやきとか気づきがあって，それをお家の方に伝えたいんです」「子どもの様子だけでなく，そのときの保育者の関わりやどういう流れでそうなったのかを見てもらいたいんです」と伝えていくと，配信し始めて半年経った頃には「子どもは遊びの中で学んでいくんですね」「活動一つひとつにちゃんとねらいがあるんですね」「ドキュメンテーションを見て，子どもの話を聞くと，何の話をしていて何を伝えたいのかが理解しやすく，子どもの気持ちを共有しやすいです」「行事の前にドキュメンテーションが送られてくるから，子どもがこれまでにどんなことを思って，どういうように進めてきたのかがわかり，ただ完成された本番を見るだけでなく，その過程での子どもの気持ちを子どもと共有できるようになりました」「家庭でのふとした行動・遊び・言葉などをこれは思考力の芽生えにつながるのかな……と考えるようになりました」と嬉しい言葉をいただけるようになりました。園と家庭が連携を取りやすくなり信頼関係ができてきていると感じます。また，子どもにとってもお家の方が話を聞いてくれ共感し認めてくれているという自己肯定感にもつながっているようです。

ドキュメンテーションを作成するようになって，保育者自身も保育に対する考え方が変わってきました。行事では，当日までに完成度を重視しがちでしたが，子どもの学びはそこにはなく，それまでの過程にたくさんの学びや気づきがあるのだと保育者間で再認識しました。ただ保育者が決めた振り付けや曲を子どもたちに教えて披露するのではなく，子どもたちと一緒に考え，やってみて，うまくいかなかったらどうすればいいか考える，そしてそれを友達と共通意識をもって取り組むことで信頼関係の形成にもつながります。保育者はその中で，どのようなねらいをもっているか，どういった声かけをするか，何をどのくらい用意しておくか，どのようにしてできるようになったのかをドキュメンテーションにすることで，保育を見直したり改善したりでき，振り返りの中に幼児期の終わりまでに育てたい10の姿と組み込んでいくことで，よりよい保育へとつなぐことができるようになり，保育者の質向上にもつながっています。

また，自分のクラスだけでなく，同じ学年の他のクラスがどういった保育をしているのかを知ることで，保育の幅を広げることができるようになりました。異年齢の学年からは縦のつながりを意識して，幼児期（０歳から５歳まで）の間連続した保育をすることもできます。いままでは他の学年がどんな活動をしているのかわからないということもありました。しかし，ドキュメンテーションを作成するようになって，全学年の保育が見えるようになったので，昨年度から引き続いての活動を行ったり，来年度に向けての導入やきっかけ作りができるようになったりしました。子どもの育ちを途切れさせることなく，より深く広くつながっていっていると感じています。

（小城亜矢子）

【編著者紹介】

浅井　拓久也（あさい　たくや）

秋草学園短期大学准教授。専門は保育学，幼児教育学。企業内研究所の主任研究員や大学，短期大学の専任講師を経て現職。保育所や認定こども園の顧問も務める。全国で講演会や研修会を行っている。著書に『マンガでわかる！保育所保育指針2017年告示対応版』（中央法規出版）や『子育て支援の専門家―利用者支援専門員の手引き』（吉備人出版），『すぐにできる！保育者のための紙芝居活用ガイドブック』（明治図書）などがある。

【執筆者一覧】（五十音順）

土肥義紹（学校法人金生幼稚園理事長・園長）
土肥ゆかり（学校法人金生幼稚園副園長）
宇高加奈／池下桃代／石津由香／江口美穂／
大石京香／越智あすか／熊野菜月／小城亜矢子／
鷹田莉奈／齊藤佳那／下元愛莉／進藤早苗／
廣瀬未奈／宮崎真季／山川可純／山川大地／
吉井詩織

幼児教育サポートBOOKS
活動の見える化で保育力アップ！
ドキュメンテーションの作り方＆活用術

2019年２月初版第１刷刊　©編著者　浅　井　拓　久　也
2021年７月初版第６刷刊　発行者　藤　原　光　政
発行所　明治図書出版株式会社
http://www.meijitosho.co.jp
（企画）木村　悠（校正）中野真実
〒114-0023　東京都北区滝野川7-46-1
振替00160-5-151318　電話03(5907)6702
ご注文窓口　電話03(5907)6668

＊検印省略　組版所　株　式　会　社　明　昌　堂

Printed in Japan　ISBN978-4-18-415729-3